goeul

Walk along our neighbor's kitchen

0 0 4

DAEGU

이웃의 부엌을 여행합니다.

PROLOGUE

goeul

<고을> 시리즈는 도시 선정 후 여러 방면으로 수집한 정보를 갈무리한 후 팀원들 모두가 직접 그 도시로 취재를 떠납니다. 일주일 혹은 그 이상의 시간 동안 도시 곳곳을 살피며 눈과 귀를 통해 직접 경험한 이웃들의 생생한 삶의 이야기를 담아내려고 노력하죠. 알고 있던 도시의 공간과 모습을 마주하게 되면 반가운 마음에 저절로 미소가 지어지기도 합니다. 내가 알던 공간이 주는 안정감도 있고요. 하지만 <고을> 시리즈의 묘미는 역시 우리가 생각지 못한 공간과 도시 면면들을 마주하게 되는 순간입니다. 이런 이야기를 더 많이 담아서 알려드리고 싶기도 하고요.

<고을> 시리즈의 4번째 도시 대구가 바로 그런 곳입니다. 신기하게도 저에게 대구는 어릴 적 교과서로 배웠던 정보가 다였던 도시입니다. 분지 지형, 대표적인 식자재인 사과, 아프리카 못지않은 더위, 패션의 메카 동성로, 섬유 산업 단지. 몇몇 이미지와 정보만이 머리속을 붕붕 떠다니는 실체가 없는 무형의 도시랄까요? 어느 도시보다 궁금증을 가득 안고 시작하게 되었습니다.

기차에 내려 대구 시내에 발을 들여놓는 순간부터 놀라움의 연속이었습니다. 이렇게 큰 도시였다니요. 빼곡하게 들어선 높은 빌딩과 그곳을 가득 메운 사람들의 모습들을 보며 계속 '우와'를 연발했습니다. 그리고 그 안에서 마주하는 문화들 또한 다채로웠죠. 어딜 가든 입과 눈을 즐겁게 하는 먹거리 골목과 멋지고 매력적인 카페와 음식점을 발견할 수 있었습니다. 거리 속 근대 건물들은 지난 시간을 되돌아보게 했죠. 300년이 넘도록 명맥을 이어가고 있는 대구 약령시에서 마음껏 한약재를 구경하는 시간도 가졌습니다. 도시 속 쉼을 주는 푸르른 공원들도 대구가 갖는 매력 중 하나였습니다. 무엇보다도 천 년의 역사를 지닌 가양주를 담는 장인부터 '신전 떡볶이', '토끼정' 등 대구에서 시작된 대형 프렌차이즈 브랜드의 공존을 보며 넓고도 깊은 대구의 음식 문화에 매료 되었습니다.

도시 크기만큼 그 어느 때보다 방대해진 분량의 시리즈가 된 이번 <고을> 대구 편을 어떻게 느끼고 즐겨 주실지 궁금합니다. 언제나처럼 하나의 도시와 그 속의 문화를 이해함에 <고을> 시리즈가 조금이나마 보탬이 되길 바라는 마음입니다.

신유미
Founder / Editor in Chief

PROLOGUE 서문	004
INTRO MORE SUNSHINE, MORE COLORFUL	008
LOCAL SCENE 대구	010
TRAVEL ESSAY 모락모락 곤지곤지	024
TRADITIONAL 하향주 삼송빵집 백초당	028
LOCAL SHOP DEEP ROOT OF DAEGU	074
MARKET 대구의 장	144
TRENDY SHOP NEW PULSE IN DAEGU	152
BOOK IN BOOK 대구를 대표하는 빵 5선	208
DAEGU'S PICK 사장님 추천 맛집 16곳	210
RECIPE 이윤서 셰프의 연근제철과일샐러드	214

FOOD STREET 218
대구의 음식 골목

ARTIST 224
엄태조
김지희

VIEW 254
내가 만난 도시공원

CITY TRIP 264
대구의 문화골목을 따라서

CULTURE 272
대구 약령시

SPECIAL 282
대구 오리지널 요식업 브랜드

LOOK 286
고스트북스, 대구의 모양과 색

REPORT 294
김동준 연근 농부
대구의 사계절 식자재
대구 음식 설화

INDEX 318
대구에서 만난 사람들

MAP
고을 대구 지도

MORE SUNSHINE, MORE COLORFUL

Editor *Ha Jiyoung*

대구大邱, 邱언덕 구는 '큰 언덕'이라는 뜻으로, 분지가 발달한 도시 지형을 그대로 명칭에 담았다. 북쪽으로 팔공산, 남쪽으로 대덕산과 비슬산을 둔 분지형 도시이며 도심에는 신천이 가로질러 흐르고 도시 북쪽에는 금호강이, 서쪽에는 낙동강 줄기가 흐른다. 조선 시대 대구는 영남대로의 요충지이자 뛰어난 인재를 배출하던 대동맥이었다. 부산에서 서울로 가기 위해선 반드시 영남대로를 이용해야 하는 탓에 많은 이가 대구에서 만남과 이별을 수없이 반복했다.

일제강점기와 근대를 지나오며 전란을 피해 대구로 몰려든 예술가들로 문화예술과 산업이 어깨를 나란히 하며 발전했다. 음악가, 화가, 소설가들은 음악감상실과 다방에 모여 가장 어두운 시기를 찬란한 예술로 승화시키며 문화의 장을 열었다. 20세기 초 근대 문화의 보고이던 대구답게 당시 생활상을 엿볼 수 있는 근대문화 골목을 따라 걸으며 과거 예술인의 삶터를 느낄 수 있다.

대한민국 3대 대도시 중 하나인 대구는 1995년 달성군을 편입하며 대구광역시가 되었다. 전국 곳곳으로 열차와 도로가 연결된 교통 요충지로, 경부고속도로가 대구 시내를 관통하며 지하철 3개 노선이 도심을 가로지른다. 또 대구국제공항이 있어 항공편을 통해서도 대구를 편히 오갈 수 있다. 그 외에도 대구는 2002년 FIFA 한일월드컵, 2003년 하계유니버시아드대회, 2011년 세계육상선수권대회 등을 개최하면서 대도시와 국제도시로서의 면모를 고루 갖추게 되었다.

바다를 접하지 않은 내륙지역임에도 영남 지방 중심지에 위치해 들여오는 해산물이 풍부하고, 비옥한 토양과 온화한 기후 덕분에 체리·포도·연근·미나리 등 다채로운 식자재가 재배되는 덕분에 대구에서는 예부터 향토 음식이 발달해왔다. 오늘날 '대구 10미味'라는 이름으로 대구를 대표하는 음식 문화를 이어가는 중이다. 도시의 오랜 역사 속에서 대구 시민은 언제나 그랬듯 힘을 합쳐 터전을 지켜내고 그 위로 다양한 문화를 세워왔다. 오늘도 오고 가는 많은 이의 발길이 끊이지 않는 대구는 빛바랜 역사에서 의미를 되찾고 그 가치에 새로움을 더해 다채로운 문화를 만들어 간다.

OVERVIEW

(2021년 3월 기준)

총면적

883.49km² (전국의 0.9%)

산업 단지 면적
44,846 m²

임야 면적
47,229 ha

농경지 면적 (2019년 기준)
7,472 ha

행정 구분

7	1	6	3	132
구	군	읍	면	동

인구
2,446,144 명 (전국의 4.6%)

농가 인구 (2019년 기준)
39,239 명

섬유업체
4,627 개

도시공원
790 개

자연공원
2 개

도시철도   노선 **3**개   역 **91**개

CULTURE

대구
10 미

육개장, 복어불고기, 뭉티기, 찜갈비, 누른국수, 납작만두, 소막창구이, 야끼우동, 무침회, 논메기매운탕

대구
12 경

비슬산, 국채보상운동 기념공원, 강정고령보, 신천, 팔공산, 수성못, 83타워, 동성로, 서문시장, 대구스타디움, 달성토성, 경상감영과 옛골목

문화재
288 개

무형문화재
17 개

유형문화재
86 개

보물
78 개

Daegu

goeul

Daegu

Daegu

014

goeul

Daegu

018

goeul

Daegu

모락모락 곤지곤지

Writer *Teje* Photo by *Teje* Editor *Ha Jiyoung*

내 기억의 첫 나이는 여섯 살, 그리고 그 기억의 배경은 대구다. 부산에서 태어나 어린 시절을 부산에서 보냈지만, 내가 기억하지 못하는 시절인 세 살 때부터 여섯 살 때까지 우리 가족은 대구에 살았다고 한다. 그렇다면 아마도 내가 처음 문장으로 말을 하고, 젓가락질을 익힌 곳은 대구일 것이다. 나는 기억을 못 하지만 말을 했다고 사랑받고, 밥을 다 먹었다고 칭찬받던 시절. 그리고 그 시절이 20년 정도 지나 작가로 활동하기 시작했을 때 나를 처음으로 초대해준 곳도 대구의 한 책방이었다. 대구에서 매년 늦가을에 열리는 '아마도 생산적 활동'이라는 책 축제였는데, 작가로서 사람들 앞에서 처음 말을 해본 자리였다. 그러니까 나라는 사람이 하나의 생명체로서 문장을 말한 처음과 한 명의 작가로서 문장을 말한 처음이 모두 대구인 것이다. 그 후로 나는 나의 처음을 가진 이 도시에서 열리는 축제에 매해 참가했고, 여기서 생산적인 친구들도 여럿 사귀었다.

그런 와중에 작년에는 책 축제가 아닌 다른 축제로 대구를 찾았다. 생산적인 친구들 중 둘은 서로 눈이 맞고 입이 맞아서 결혼식을 올렸고, 내가 그 축제의 사회를 보았다. 햇살 좋기로 유명한 6월의 어느 날 올리는 야외 결혼식이었는데, 야속하게도 비가 계속 내렸다. 한동안 비가 그치지 않을 거라는 일기예보 탓에 새 출발을 앞둔 친구들의 표정에도 먹구름이 가득했다. 그런데 거짓말처럼, 아니 비밀처럼, 아니 동화처럼 결혼식 2시간 전부터 날이 개기 시작했다. 숲속 나무들 사이로 새록새록 햇살이 비치는 환상적인 결혼식이었다. 환상은 때때로 세상을 잊게 하는 힘이 있는 듯하다. 나는 가끔 우중충한 비가 내리다 갑자기 햇살이 내리는 오후면 그날의 기억과 내 친구들이 떠오르면서 힘이 생긴다. 어느 날 문득 친구들이 잘 먹고 잘 사는지 궁금해서 늦가을의 대구에 다녀왔다.

내가 내리는 동대구역과 친구들의 집은 차로 1시간 정도 거리라 나는 중간에서 만나자고 했다. 친구들은 한사코 마중을 나오겠다고 했다. 사실 나는 친구들이 마중 나올 것을 알고 있었지만, 괜히 더 반가운 사람이 되고 싶어서 말을 꺼내본 것이기도 했다. 서울과 대구, 멀리 살다 보니 자주 만나지는 못하지만 일단 만날 날을 정하면 없던 시간도 만들고 아껴둔 장소를 찾아서 밥 한 끼 하는, 멀어지고 싶다는 생각을 할 수 없는 이 사이가 좋다고 생각할 즈음, 친구들의 차가 동대구역에 도착했다.

"뭐 먹고 싶은데? 먹고 싶은 거 있나?" 친구의 물음에 나는 "어디든!"이라 대답했다. 그러자 친구들은 "차 타고 20분 정도 가야 하는데 괜찮나?" 하고 되물었다. 대구 사람의 차를 타고 가야 하는 교외의 식당이라니, 대구에 아는 사람 없이 놀러 온 사람은 갈 수 없는 현지인 코스인 셈이다. 서울에서 손님이 왔다고 대구 시내를 구경시켜주는 일은 어찌 보면 정성이 없어 보이기도 한다. 내 고향 부산에 가서 가끔 친구들을 만날 때도 친구들의 차를 타고 우리가 어릴 적 놀던 동네를 지나 교외로 나가서 밥을 먹곤 했다. 같이 먹는 밥도 밥이지만, 같은 차를 타고 가며 감상하는 풍경도 식사에 포함되는 것이다. 주차할 곳을 찾아서 가야 하는 도심의 식당이 아니라 주차장을 보유한 교외의 호젓한 식당으로 차가 움직였다. 부부는 운전석과 조수석에 앉고, 나는 뒷자리 상석에 앉아 창밖으로 산도 보고 강도 보고 둑도 보았다. '서울은 이제 다 졌는데 아직도 단풍이 있네, 따뜻하다'라는 생각이 들 즈음 혼자서 자유롭게 산책하는 강아지도 보았다.

차가 멈춘 곳은 '곤지곤지'라는 이름의 곤드레밥집이었다. 평일 점심이었음에도 사람이 많았다. 점심시간에 끼니를 때우러 온 식당이 아니라 다들 연인, 오랜 친구, 오랜 지인들과 함께 맛있는 음식도 먹고, 이야기도 나누기 위해 일부러 시간을 내서 온 것처럼 보였다. 자리에 앉으니 넓은 창문으로 울긋불긋한 늦가을이 식전 풍경으로 보였다. 우리는 메인 요리와 함께 각자 먹을 음식을 주문했다. 나에게는 가까우나 친구에게는 먼 반찬을 옮겨주기도 하면서 한 번도 시계를 보지 않고 천천히 밥을 다 먹었다. 식당에서 나오면서 부부가 된 친구들의 넉넉한 등을 보는 순간 나도 모르게 옅은 미소가 지어졌다. 부부는 동시에 등을 돌려 나를 보더니 "차 마셔도 괜찮겠나?" 하고 물었다. 밥 먹은 다음 습관적으로 하는 "카페?"라는 물음이 아니라 "차 마셔도 괜찮겠나?"라는 그 모락모락한 말에 나의 귓불이 따뜻해졌다.

세 사람을 실은 차는 산골짜기로 향했다. 구불구불 오르막을 올라가는 차에서 친구들은 차가 너무 느리지 않느냐며 미안하다고 말했지만, 나는 느린 게 아니라 천천히 가는 게 좋다며 편안하다고 말했다. 실제로 그랬다. 나무가 무성한 산골짜기에 자리한 찻집에 도착하니 나뭇잎들이 호젓한 바람 소리를 내고 있었다. 식당도 찻집도 대구에 사는 친구들이 없었다면 오기 어려웠을 곳이요, 듣기 어려웠을 바람 소리였다. 덕분에 이런 곳에 와본다는 나에게 친구들이 화답한다. "우리도 니 덕분에 드디어 와보네."

©JungKihun

찻집의 직원분은 차를 우리는 방법을 조곤조곤 알려주었다. "이 차를 우릴 때는 처음에는 50초, 그 다음에는 1분 이상 색을 보면서 내리시면 됩니다." 그 말을 듣고 우리는 각자의 차에 필요한 만큼의 물을 붓고 시간을 재면서 가만히 차를 지켜보았다. 내 차는 50초, 친구들의 차는 60초. 처음 차를 내릴 때는 1초, 2초 세었지만 두 번째, 세 번째 우릴 때는 타이머를 켜놓았다. 이야기를 하느라 타이머가 계속 흘러가는 바람에 차가 더 진하게 우러나오긴 했지만. 하긴 우리도 처음 만났을 때는 시간도 말도 엄격하게 지켰다. 그러다 두 번, 세 번 만나면서 시간도 말도 점점 편해진 게 아니었을까? 뜨거운 차는 바로 마시면 입술을 데지만, 따뜻한 차는 호호 불면서 마실 수 있는 것처럼 말이다. 뭐 그런 생각들이 우러났다.

우리는 다시 차를 타고 산골짜기를 내려왔다. 나는 다시 상석에 앉았다. 나란히 앉아 있는 두 사람의 뒷모습을 보며 내 마음속 찻잔에 한 가지 다짐이 모락모락 피어났다. '나도 다음에 친구들이 오면 마중을 나가야지'라는. 그러고 보면 따뜻한 말들은 서로 짝을 잡고 붙어 있네. 조곤조곤, 곤지곤지, 모락모락, 부부부부.

TRADITIONAL

LEAD THE CITY,

BLOOM THE

FOOD CULTURE

비옥한 토양, 온화한 기후 그리고 너른 평지를 자랑하는 대구를 터전으로 올곧은 문화와 예술을 길어 올리는 사람들이 있다. 전통주, 빵, 약초 등 저마다 만들어가는 음식은 달라도 이들은 타고난 열성으로 대구의 음식 문화를 하나의 장르로 만들어가고 있다.

박 환 희

천년의 술

Editor *Ha Jiyoung*   Photographer *Jun Yeseul*

신라 흥덕왕 시절 군주가 즐겨 마시고 조선 시대에는 '천하명주'라 불린 우리나라 고유의 전통 명주인 하향주. 박환희 명인은 가문의 유산을 지켜오는 과정에서 빛과 어둠 그리고 희망과 절망을 모두 목도했다. 1,100년 전통의 무게가 그를 짓누를 때면 선조들의 지혜에 기대어 스스로 가야 할 길을 찾아왔다. 지나간 세월은 말이 없으나 앞으로 마주할 세월이 그에게 말을 걸어온다.

명인님이 이어가고 있는 하향주荷香酒**는 대구에서 술로는 유일한 무형문화재 제11호이자 대구를 대표하는 전통주입니다. 1,100년 전통을 지닌 하향주는 어떤 역사를 품고 오늘날까지 이어졌나요?**

여기 비슬산 중턱에 자리한 도성암道成庵이 병란으로 불에 타버리는 바람에 신라 성덕왕 시절에 암사를 중수하게 됐어요. 그때 인부들에게 제공하기 위해 빚은 토속주가 저희 하향주의 시초로 알려져 있지요. 조선 광해군 때는 왕에게도 진상할 만큼 맛과 향기가 뛰어나 '천하명주'라는 칭찬을 받기도 한 술로, 17세기 후반 저희 밀양 박씨 종가에서 가양주로 빚어 전승해왔어요. 1996년 무형문화재로 지정되신 어머니의 뒤를 이어 제가 1994년부터 하향주를 만들고 있습니다. 가족 대대로 유가읍 음리에서 대를 이어 빚어오다 2011년 지금의 자리로 옮겨 양조 시설을 새로 갖추었고요.

명인님은 1980년대 미국 뉴욕으로 이민을 갔다가 1994년 대구로 돌아온 후 오늘날까지 하향주를 계승하고 계시죠. 미국 생활을 청산하고 가양주 사업을 이어가게 된 결정적 계기는 무엇인가요?

뉴욕으로 떠난 후 1993년 처음으로 한국에 들어왔어요. 어머님도 뵐 겸 집에 내려온 거죠. 그즈음 어머니가 막 술을 빚어 팔기 시작하셨더라고요. 근데 그것이 또 맛있는 술로 소문이 나고 있었어요. 대여섯 살 때쯤으로 기억하는데, 술을 파는 일이 불법이던 시절이라 할머니가 누룩을 만들면 몰래 갖다 팔곤 했어요. 누룩을 팔려면 현풍까지 나가야 해서 할머니와 같이 누룩을 짊어지고 장에 가는 거예요. 당시 할머니 따라 누룩을 엄청 밟았어요. 이것이 은연중에 몸에 배어 있었을 거예요. 그리고 술을 만들면 항상 집 바깥에 숨겼거든요. 마루 아래 땅을 파고 술독을 묻어두었지요. 술은 자꾸 건드리지만 않으면 변질이 없어요. 땅속에 넣어두니 시원한 온도가 술맛을 더 끌어 올려주었지요. 그리고 그때는 우리 집이 정미소를 했어요. 정미소에 방아 찧으러 오는 사람들로 문턱이 닳을 정도였죠. 그 사람들에게 하향주가 아닌 막걸리나 동동주를 한 잔씩 내어주곤 했지요. 이런 추억이 기억 너머에 자리 잡고 있었나 봐요. 오랜만에 한국에 들어와 어머님이 술 빚는 모습을 보니 자꾸 할머니가 생각나면서 이 일을 함께 해야겠다는 확신이 들더라고요. 술 빚는 방법은 할머니에게 귀에 딱지가 앉도록 들은 터라 많은 시간이 흘렀지만 여전히 몸이 기억하고 있었고요. 그길로 미국 생활을 정리하고 한국에 돌아와 어머니와 전통 하향주를 만들기 시작했어요.

goeul

<동의보감>, <산림경제>, <규곤시의방閨壺是議方**>, <규합총서**閨閤叢書**> 등의 문헌에 하향주의 제조법과 효능이 기록되어 1,100년 동안 전해 내려오고 있어요. 천년의 세월을 이어온 만큼 그 비법이 무척 궁금합니다.**

하향주의 재료는 누룩, 찹쌀, 국화, 인동초, 약쑥으로 아주 단출해요. 먼저 누룩과 맵쌀을 사용해 밑술을 만듭니다. 밑술이라는 건 효모를 배양하기 위해 만드는 것인데, 효모가 가장 많이 배양되었을 때 다시 찹쌀로 덧술을 담급니다. 찹쌀로 고두밥을 짓고 고루 펼쳐 식힌 다음 뜨거운 물을 뿌리고 밑술과 섞어 누룩과 함께 버무리죠. 이 과정이 끝나면 발효 단계를 거치는데, 발효 기간은 계절에 따라 조금씩 달라요. 효모에 좋은 환경이 갖춰지면 이놈들이 일을 빨리하고 그렇지 않으면 일이 좀 늦어지고요. 밑술 담글 때는 봄이나 가을이 가장 알맞아요. 하향주 만들 땐 주의해야 할 점이 몇 가지 있어요. 고두밥을 찐 뒤에는 빠른 시간 내에 식히고, 물기를 머금고 있을 때 술을 담가야 해요. 쌀알을 다 살릴 수 있도록 고두밥을 너무 주물러 죽을 만들지 말라는 거예요.

실제로 하향주의 맛을 보니 향긋한 향이 그윽해요. 과실주 같으면서도 전통주의 묵직한 맛까지 담겨 있어요. 술에서 연꽃 향기가 난다고 하여 하향주라는 이름이 붙은 건가요?

하향주는 민속주 특유의 다섯 가지 맛인 신맛, 단맛, 떫은맛, 쓴맛, 구수한 맛이 잘 어우러져 있어요. 100% 유가찹쌀로 빚어 입에 착 달라붙는 부드러운 술맛까지 느낄 수 있고요. 이름은 '연꽃 향기가 나는 술'이라는 의미지만, 사실 연꽃 향기가 나지는 않아요. 연꽃을 재료로 쓰는 술도 아니고요. 찹쌀만 사용하는 술이라 감칠맛과 향기가 매우 좋아서 술 중에서도 아주 품격이 높지요. 그래서 그 맛과 향을 선비를 상징하는 연꽃의 향과 성품에 비유하고, 선비들이 좋아할 만한 술이라는 의미에서 붙은 이름이에요. 연꽃은 군자가 갖춰야 할 성품을 지니고 있는 데다 은은한 향기와 맑고 깨끗한 자태가 각별해서 선비들이 특히 좋아한 꽃이거든요.

1.

2.

1. 완벽한 누룩을 향한 명인의 여정.
2. 하향주 양조장은 대구 비슬산 산자락 아래 공기 맑고 물 맑은 자리에 터를 잡고 있다.

하향주의 대를 이어 온 할머니와 고 김필순 어머니로부터 하향주 제조와 관련한 비법을 직접 전해 들은 사람은 명인님이 마지막이었다고요. 가장 기억에 남는 말씀이 있다면 무엇인가요?

전부 다지요. 말씀하신 모든 것이 지금에 와서는 하나하나 얼마나 중요한지 몰라요. 우리나라에 두 분의 하향주 제조 비법을 알고 있는 사람은 거의 없을 것 같아요. 그중에서도 저는 항상 세 가지를 유념하며 하향주를 만들고 있습니다. 첫째, 누룩은 삼복 중에 만들어라. 둘째, 물은 적게 쓸수록 좋다. 셋째, 누룩은 밟으면 밟을수록 좋다. 이 세 가지는 변치 않는 진리와도 같죠.

누룩의 중요성을 계속 강조하셨어요. 술을 만드는 데 누룩은 어떻게 중요한가요?

예부터 이런 말이 있어요. "좋은 술이 나오려면 누룩이 좋아야 한다." 그만큼 좋은 누룩을 만드는 일이 가장 중요하단 얘기죠. 누룩 만드는 법은 옛 문헌에도 나와 있지만, 좋은 누룩을 만드는 법은 구전으로만 전해집니다. 다들 문헌에만 의존해온 탓에 오늘날 우리나라에 좋은 누룩이 없다고 생각해요. 누룩에는 정말 많은 종류의 미생물이 들어 있어요. 그 미생물을 어떻게 관리하느냐에 따라 좋은 술이 판가름 나죠. 어떤 사람은 술을 빚을 때 첨가제를 넣는데, 애초에 누룩을 제대로 만들면 그런 걸 넣을 필요가 없어요. 그렇기에 누룩의 중요성을 더욱 강조하는 것이고요. 또 누룩을 그냥 만들어놓기만 해서도 안 됩니다. 사람과 비슷해요. 우리가 애를 낳아 좋은 환경을 만들어 키우면 튼튼하게 잘 크는 것처럼요. 미생물의 환경을 어떻게 맞춰주느냐에 따라 좋은 술이 결정되죠. 요즘 전통술을 배우는 이들을 보면 이렇게 저렇게 만들어보고 시도하는 과정에서 정수精髓가 나온다고 생각하는데, 그렇게 해서는 절대 정수가 나올 수 없거든요. 저는 항상 그것부터 물어봐요. "누룩은 잘 만들었습니까?" 하고요.

그토록 중요한 재료임에도 하향주 사업이 어려움을 겪으면서 현재 누룩 제조에 난항을 겪고 계신 걸로 알고 있습니다.

24년간 가업으로 하향주를 만들어오면서 참 많은 일이 있었어요. 음리에 있던 가족 양조장을 지금 이곳 양리로 옮기던 당시, 대구에서 유일하게 전통주를 이어가는 저희임에도 양조 공장 부지를 허가해주지 않아 몇 차례 부지를 번복하다 지금 이 자리에 겨우 허가를 받고 공장을 지었어요. 양조장 설립도 쉽지 않았는데, 2003년 태풍 매미에 공장 전체가 쓸려 내려갔죠. 결국 공장을 다시 지어야 했고요. 설상가상으로 정부의 전통 사업 지원을 받기가 어려워 경영난에 부딪히다 보니 오늘날까지 힘든 상황입니다. 이런 일들로 2018년에는 잠시 쉬어야겠다 생각했고, 2년간 술 만드는 일을 중단했어요. 그러다 올해 초부터 갑자기 사람들의 관심을 받기 시작하더라고요. 드디어 하향주에도 한 줄기 빛이 드는가 보다 생각하며 조금씩 술 만드는 일을 다시 시작하고 있습니다. 그러다 보니 제가 만든 완벽한 상태의 누룩이 아직 준비되지 않은 상황이에요. 할머니가 늘 말씀하셨듯, 누룩은 여름 삼복날에 만들어야 하고 잘 만들어지는 자리와 방향이 따로 있을 정도로 최고의 누룩을 만들기가 까다롭거든요. 그래서 내년 여름에는 누룩이 자라기 좋은 다른 자리에 누룩 제조 시설을 새로 만들어 술 빚기에 힘쓰려고 해요. 이 누룩만이 제가 살 길입니다.

하향주의 뛰어난 맛을 보고 직접 찾아오는 외국 손님도 많다고요.

알고 지내던 스님이 중국인 손님에게 하향주를 선물하셨더라고요. 그분이 중국으로 돌아가 파티를 여는 자리에서 사람들과 하향주를 나누어 마셨는데, 맛이 깔끔하고 향이 너무 좋다며 하향주를 더 구매하고 싶다고 연락을 해왔어요. 그 자리에서 하향주 3톤을 주문하더라니까요. 그 당시 하향주 만드는 일을 그만둬야겠다고 생각하던 때라 자금이 부족해 더 이상 만들 수 없다고 했죠. 그랬더니 대번에 자신들이 하향주에 투자하고 싶다고 하더라고요. 저를 중국으로 초대해 함께 중국 술 공장 몇 군데를 둘러보기도 하고 저녁에는 술 한잔 기울이며 많은 이야기를 나눴어요. 마지막에는 어마어마한 금액을 부르며 하향주를 자신들에게 팔라고 하더라고요. 경영난에 지칠 대로 지친 저는 팔아버리면 고생도 안 하고 좋지 않겠어요. 하지만 하향주를 지켜야겠다는 일념 하나로 버티고 있습니다. 제가 어딜 가겠어요. 여기가 내 고향인걸요.

막걸리, 동동주 같은 다른 전통주와 달리 하향주는 숙취가 없다고 알려져 있어요. 어떤 차이점이 있나요?

좋은 술이란 아무리 먹어도 숙취가 없어요. 선조들이 하신 말씀이 있어요. "좋은 술은 하루에 세 번을 취한다." 술에 포함된 알코올의 산물인 아세트알데히드 Acetaldehyde라는 물질이 숙취를 유발해요. 아세트알데히드가 신경을 건드리면 구토, 두통 같은 숙취 증세가 나타나죠. 그런데 하향주처럼 아세트알데히드가 증발해버린 술은 하루에 세 번 취할 수 있다는 말이죠. 이는 술을 마실 때 내 몸에서 알코올 분해가 엄청나게 빠르게 진행된다는 걸 뜻해요.

최근 펀딩을 통해 젊은 세대에게 하향주를 널리 알리고 계시죠. 명인님께도 분명 낯설지만 새롭고 즐거운 도전이었을 것 같습니다.

올해 초 <서민갑부>라는 TV 프로그램에 출연하면서 이리저리 인연이 닿았어요. 그게 신문에도 나오고, 전통주에 대한 젊은 층의 관심과 더불어 SNS에서 인기가 많나 보더라고요. 젊은이들 사이에서 전통주가 각광받고 있다는 걸 몸소 느끼고 있습니다. 방송에서 우리 양조장이 처한 상황이나 현실을 있는 그대로 이야기했더니 도움을 주려는 분이 많더라고요. 처음엔 펀딩이 뭔지도 잘 몰랐지만 앞으로 기회가 된다면 지속적으로 펀딩을 진행해볼 생각입니다. 세상과 소통할 수 있는 방법을 또 하나 알게 되었죠. 하향주를 좋아하고 찾아주는 이들이 있어 고마울 따름입니다.

역사와 전통이라는 끝나지 않을 기나긴 길 위에서 하향주의 재도약을 향해 심기일전하고 있는 요즘, 어떠한 신념 아래 하향주를 이어가고 계신지 궁금합니다.

1994년에 어머니 곁으로 돌아왔을 때는 '아 우리도 세계적인 술을 한번 만들어보자'라는 포부로 가득 차 있었어요. 나이가 이만큼 들고 보니 그런 꿈이 하나둘 사라지더군요. 하향주를 전수하고 싶다고 찾아오는 이들도 내가 욕심이 많은 탓인지 나와 잘 맞지 않았어요. 전통주를 만들 수 있는 좋은 환경과 조건 자체만 갖추면 하향주를 되살릴 수 있을 것 같다는 생각이에요. 한편으론 여기서 시간이 더 지체되면 어쩌나 하는 걱정도 큽니다. 일흔두 살의 나이인데, 시간은 기다려주지 않으니까요. 사람의 앞날은 알 수 없지만 다시 술을 빚게 된 건 하나의 때가 오고 있다는 걸로 생각하고 우리 가문의 하향주를 이어가는 일에 정진할 생각입니다.

Daegu

삼송빵집

정직한 마음이 만든 빵

Editor *Bae Danbee*　**Photographer** *Jun Yeseul*

얇은 피에 속이 가득 찬 빵. 제 모습을 유지하기도 쉽지 않은데, 변하지 않는 맛으로 60년의 세월을 묵묵히 이어왔다. 1957년 대구 남문시장에서 삼송제과로 시작한 삼송빵집은 현재 삼송BNC 법인 브랜드를 통해 전국에 삼송빵집이라는 지역 제과의 빵 맛과 가치를 알리고 있다. 삼송빵집은 빵이 건강하지 않을 것이라는 인식을 바꾸고, 지역 제과점의 가능성과 역량을 넓혀왔다. 지금도 삼송빵집 고유의 레시피와 맛을 고수하며 본질을 잃지 않은 모습으로, 때론 부드럽고 유연한 자세로 자신의 자리를 지키고 있다.

박성욱 대표가 3대째 운영하고 있는 삼송빵집은 1957년 대구 남문시장에서 '삼송제과'라는 이름으로 처음 시작했는데요, 삼송빵집을 개점하게 된 배경이 궁금합니다.

할아버지께서 삼송빵집의 전신인 삼송제과를 남문시장에서 총 다섯 가지 메뉴로 시작하셨어요. 한국전쟁 당시 이북에서 피란 와 서울과 대구를 오가며 지내다가 대구에 정착하셨죠. 특별한 제과 기술이 있었던 것은 아니고 빵을 만들던 친척 어른의 도움을 받으셨다고 해요. 아버지 역시 중학교 졸업 후 바로 빵을 배우기 시작하셨고요. 누구나 한 번쯤 이름을 들어봤을 김영모제과, 런던제과, 뉴욕제과, 스텔라제과 등이 모두 그 즈음에 대구에서 시작한 제과점이에요. 오래된 대구의 제과점이 많이 사라지고 몇 남지 않은 곳 중 하나가 저희 삼송빵집이죠. 두 차례 이전을 했는데, 처음 대구 남문시장에서 서문시장으로, 서문시장에 화재가 발생하면서 지금의 동성로 본점으로 옮겨 와 자리잡게 됐습니다. 빵집으로는 유일하게 서울의 3대 백화점 본점에 입점했고, 현재 전국에 22개 직영점을 운영 중입니다.

할아버지와 아버지가 가업으로 이어가시던 삼송빵집에 얽힌 추억이 많을 듯한데요.

집에서 직접 빵을 만들어왔고, 제가 장남이라 빵 만드는 일을 자의 반 타의 반으로 도와야 했어요. 제가 초·중·고생일 때, 그러니까 삼송빵집이 한창 잘될 때는 제일 싫은 날이 크리스마스였어요. 일하시던 분들은 일주일간 집에도 못 가고 주변에 여인숙을 잡아 빵이며 케이크를 하루에 몇 천 개씩 만들었죠. 12월이면 다른 이에겐 축제의 달인데, 우리 집은 쉬지 않고 정신없이 빵과 케이크를 만드느라 일만 하는 달이었어요. 돌아보면 그 시절이 힘들긴 했어도 참 좋았구나 싶어 소중한 기억으로 남아 있습니다.

일말의 고민 없이 가업을 이어받았나요?

빵집 아들로 태어나 할 말은 아니지만, 어릴 땐 빵을 좋아하지 않았어요.(웃음) 예전엔 빵을 지금보다 더 특별한 음식으로 여겨서 즐거운 날이나 기념일에 사 먹곤 했잖아요. 그런 음식을 매일 집에서 만들었기에 빵이 생활이자 생계 수단이었던 거죠. 또 어릴 때 집안일이라 하기 싫어도 빵을 만들어야 했으니 그 마음이 오죽했겠어요. 다른 사업을 하고 싶어서 제약 회사에 취직도 하고, 유통업 등 여러 일을 했어요. 그렇게 본업에 충실하다가도 집안에 도움이 필요하면 언제든 내려가 빵 만드는 일을 멈추지 않았고요. 개인 사업을 하다가 아버지에게 빵을 본격적으로 배우기 시작한 것은 2005년이에요. 대구에 대형 프랜차이즈 제과 브랜드가 자리 잡으면서 2003년부터 2007년까지 대구뿐 아니라 전국적으로 오래된 지역 빵집들이 절반은 사라지면서 존폐 위기에 접어드는 상황을 보자니 위기감과 안타까운 마음이 들었죠. 그때부터 삼송빵집을 잘 지켜야겠다는 사명감과 책임감이 생기더라고요. 마침 그 즈음 삼송빵집이 서문시장점, 동성로본점, 지산동점 이렇게 3곳을 운영하고 있었는데, 서문시장에 화재가 발생해 문을 닫고 동시에 지산동점을 정리하면서 본점으로 합쳐 동성로 본점 한 곳에서만 더욱 집중해서 빵을 만들게 됐어요. 지난 시간을 돌아보고 기본을 더욱 탄탄히 다지기 위한 도약의 발판으로 삼던 시기와 제가 아버지 따라 삼송빵집 사업을 본격적으로 시작하던 시기가 잘 맞물렸던 것 같아요.

삼송빵집은 전국에 직영점이 분포되어 있을 만큼 빵 맛은 물론 브랜드 파워로 명성이 자자합니다. 결정적 계기는 2008년에 선보인 '야채고로케'라고요. 튀기지 않고 구워낸 고로케는 국내 최초라죠. 삼송빵집을 더 널리 알린 효시 제품이기도 한 야채고로케를 만들게 된 계기는 무엇인가요?

2007~2008년 당시엔 '웰빙Well-being'이 우리 국민의 생활 방식을 변화 시킬 만큼 큰 이슈이자 유행이었어요. 시기적으로 대기업 프랜차이즈 빵집과 경쟁하려면 우리만의 특화된 빵을 개발해야 한다고 생각했죠. 건강을 더 중요하게 생각하기 시작한 웰빙 시대에 음식은 이러한 시류를 이끌어갈 수 있는 가장 중요한 식생활이니까요. 그에 맞춰 기름에 튀기지 않고 오븐에 구운 고로케를 국내 최초로 개발해 판매했습니다. 제과점에서는 기름을 거의 사용하지 않지만 고로케 같은 빵은 예외였어요. 옛날에는 시설이나 재료 관리가 미흡해 기름을 자주 교체하거나 관리하기가 쉽지 않았어요. 거의 유일하게 기름에 튀기던 고로케에 대한 개인적 아쉬움으로 기름에 튀기지 않고 오븐에 구워보기로 역발상을 한 거예요. 기름에 튀기지 않아도 맛있다는 걸 입증할 수 있었던 계기가 되기도 했지요. 야채고로케가 방송 매체를 통해 입소문이 나면서 더 많은 사람이 찾아줬고요. 건강한 재료를 가득 넣은 속과 느끼하지 않고 담백한 맛으로 인기가 좋았어요. 야채, 고추, 김치, 한우 등 종류도 다양해서 골라 먹는 재미도 있고요.

삼송빵집의 대표 메뉴인 통옥수수빵, 먹물통옥수수빵, 야채고로케, 크림치즈찰떡빵이 놓여 있다.

goeul

야채고로케에 이어 일명 '마약빵'이라 불리는 통옥수수빵은 박성욱 대표가 고심 끝에 출시한 것으로 알고 있어요. 통옥수수빵을 만들게 된 배경과 제조 과정이 궁금합니다.

통옥수수빵이라는 빵 자체가 국내에 소개된 것은 1985년쯤일 거예요. 일반적으로 알려진 통옥수수빵을 삼송빵집만의 방식으로 레시피를 몇 차례 수정해 지금의 맛과 형태를 완성했죠. 전통의 맛은 고수하면서도 새로운 트렌드를 반영하기 위해 미세한 변화와 시도를 거쳤고, 앞으로도 통옥수수빵만큼은 삼송빵집의 대표 빵으로서 철저히 관리할 계획입니다. 일반적인 통옥수수빵은 속을 야채로 채우는데, 당시 저희는 이미 야채고로케를 만들어 판매하고 있었기 때문에 뭔가 달라야 했어요. 통옥수수빵은 그래서 조금 더 프레시하게 가보자는 생각이었죠. 옥수수, 치즈, 마요네즈 등 어울릴 만한 식자재를 사용해 만들어보다가 최적의 비율을 찾아냈어요. 빵 속 가득 들어 알알이 씹히는 통옥수수와 잘 어우러지는 특제 소스, 토핑도 통옥수수빵의 맛을 완성하는 중요한 요소 중 하나입니다. 특제 소스는 여러 재료를 잘 배합해 우리가 생각하는 최상의 이상적인 맛이 날 수 있도록 비율을 조정하는 것이 가장 중요해요. 더불어 빵 위에 올린 토핑은 과자 타입과 크림 타입의 중간 질감으로 맛이 달콤해 빵의 속재료와 좋은 궁합을 만들어내죠.

그 밖에 삼송빵집의 스테디셀러에는 무엇이 있나요?

야채고로케와 통옥수수빵에 이어 먹물통옥수수빵, 호두단팥빵이 삼송빵집에서 꾸준히 사랑받는 베스트셀러입니다. 먹물통옥수수빵은 두 번째 마약빵으로 통옥수수, 크림치즈, 베이컨, 각종 야채가 가득 든 까만 먹물빵이에요. 호두 단팥빵은 고소한 호두와 통팥 앙금이 잔뜩 들어가 달콤하고 고소해서 남녀노소 모두 좋아하고요. 단팥빵의 경우 피를 최대한 얇게 만들어 판 것은 저희가 처음입니다. 지금은 판매하고 있지 않지만, 호박빵 역시 정성스러운 제조 과정을 거쳐 많은 사랑을 받는 빵 중 하나였어요. 일반 호박이 아닌 늙은 호박으로 만드는데, 늙은 호박이 재배되는 계절에만 한시적으로 판매했죠. 호박 껍질을 일일이 벗겨 절단하고 숙성시킨 뒤 빵에 접목하는 과정까지 정성과 시간이 많이 들어가는 빵인 만큼 맛도 좋고, 영양가도 높은 빵이죠. 그 밖에 1986년에 일본 업체와 협업해 만들기 시작한 마늘빵은 의성 마늘을 사용해 알싸하면서도 맛있는 마늘빵을 만들고 있고, 카스텔라 가루를 고명으로 묻힌 찹쌀떡도 꾸준히 잘 나갑니다.

1. 준비된 반죽에 속을 넣기 직전으로, 옥수수와 특제 소스가 잘 버무려져 있다.

2. 짜주머니를 사용해 빵에 토핑을 하고 있다.

1.

2.

Daegu

박성욱 대표가 가장 좋아하는 빵을 소개한다면요?
단연 단팥빵입니다. 팥을 좋아하기도 하지만 초등학교 다닐 때 집에서 팥소를 직접 만들었어요. 팥을 삶아서 설탕, 물과 함께 솥에 대여섯 시간 끓여냈는데 제가 나무 주걱으로 그걸 계속 저었어요. 특히 옛날에 근로자의날에는 공장 단지 같은 곳에서 단팥빵 주문이 몇천 개씩 들어왔는데, 그런 추억이 있어서인지 제게는 개인적으로 더 애정이 가는 빵이에요.

대구에서 나고 자란 것으로 알고 있습니다. 대구 토박이로서 대구는 어떤 도시인가요?
기본적으로 대구는 외식 분야가 유명해요. 1세대, 2세대 프랜차이즈 요식업 브랜드를 출시한 사람 중에 대구 출신이 수두룩한데, 특히 대구 지역의 작은 가게로 시작해 전국적으로 규모를 확장한 치킨 브랜드가 대표적이죠. 제과점 역시 대구에서 나고 자라 제과를 시작한 분이 많고요. 대구광역시의 모토가 'Colorful DAEGU'예요. 오래전부터 섬유산업의 도시로 알려져왔죠. 근래에는 대구의 열 가지 맛이라고 부르는 대구 10미와 더불어 먹거리 골목도 잘 조성되어 있지요. 그만큼 개성과 매력이 넘치는 맛집이 즐비해요. 제가 생각하는 대구 사람들의 성향은 독립심이 강하고 지기 싫어하는 편이에요. 이런 요소 덕분에 대구가 지금의 모습으로 발전하지 않았나 싶습니다.

삼송빵집 본점의 외관.

박성욱 대표가 빵을 제조하는 모습.

ⓒ삼송BNC

삼송빵집은 '추억의 빵집'이라는 이미지와 함께 브랜드 파워도 탄탄하게 느껴지는 제과 브랜드입니다. 오래전부터 고수해온 삼송빵집 고유의 빵 맛을 유지하면서 동시에 규모를 확장하기란 쉬운 일이 아닐 텐데요, 삼송BNC의 브랜드 파워를 키우기 위해 어떤 노력을 기울이고 있나요?

과거 지역 브랜드의 마케팅에는 한계가 있었어요. 다행히 주5일 근무제를 시행하고 스마트폰이 등장하면서 지역 브랜드가 자연스레 알려지는 발판이 마련됐다고 생각합니다. 덕분에 주말이면 사람들이 국내 곳곳을 여행하며 먹을거리와 볼거리를 찾아다니며 삶을 즐기기 시작했지요. 이런 요소들이 삼송BNC의 자체 노력이 아닌 외부적 요인에 의한 것이라면, 내부적으로도 많은 노력을 기울이고 있습니다. 고유의 빵 맛을 잃지 않으면서 시대적 트렌드를 세심히 반영하고자 기존 메뉴도 지속적으로 레시피를 고민하고 있어요. 더불어 2022년에는 청도와 업무협약MOU 체결을 앞두고 있습니다. 청도에서 나는 양파, 부추, 마늘, 호박 등의 식자재를 전량 계약 재배로 공급 받아 로컬 식자재를 최대한 활용함으로써 지역 간 상생을 도모하고자 합니다. 어떤 방식으로든 지역적 가치를 이어갈 수 있다면 마다하지 않을 계획이에요. 더불어 지난해 베트남의 MESA 그룹과 업무 협약을 맺고 베트남 진출을 준비 중입니다. 국내에서 선보이는 메뉴 전체가 아니라 몇 가지 단일 품목으로 구성해 소개할 예정입니다.

60여 년이라는 세월을 이어온 만큼 앞으로의 삼송빵집도 기대가 됩니다. 박성욱 대표가 바라는 삼송빵집의 모습이 궁금한데요, 향후 계획에 대해 들려주세요.

빵은 종합예술이라고 생각해요. 제과 분야 안에서도 매우 세세하게 나뉘죠. 빵에 대한 모든 것을 습득하고 익히기 위해 30~40년의 시간이 필요하다고 보지만, 요즘 같은 시대에는 자신이 잘할 수 있는 분야를 택해 자기만의 감각으로 단일 메뉴만으로도 잘 자리 잡을 수 있다고 봐요. 브랜드마다 각자의 역할과 기능이 있는 거죠. 그런 측면에서 삼송BNC은 제 역할과 영역을 지키며 지역 빵집의 능력과 역량을 키우되 지금까지 고수해온 정직한 빵 맛을 이어가고자 합니다. 이와 관련해 곧 중구 서문로에 위치한 본사를 수성구 수성못 인근으로 이전하고자 건물을 지었고 현재 막바지 단계에 있습니다. 본사와 함께 토털 베이커리 매장을 조성할 예정인데요, 삼송빵집의 기술력과 제과·제빵 선진국으로 꼽히는 프랑스, 일본 등에서 수입한 장비를 바탕으로 신제품 빵과 브런치 및 음료를 선보일 계획이에요. 빵과 외식업, 빵과 문화, 빵과 공간을 접목한 융·복합적 공간을 만들고자 합니다. 또한 현재까지 직영점만으로 운영해온 삼송빵집에 프랜차이즈화를 도입, 제조 공장 설립과 더불어 기술력을 보강해 일정한 빵 맛을 유지할 수 있도록 노력할 것입니다.

삼송빵집은 지역 제과점이 우리나라의 대표 제과 브랜드로 발전하고 자리 잡은 좋은 본보기로서 각별한 의미와 역할을 하는 제과점이라고 생각합니다. 빵을 만들며 박성욱 대표가 가장 중요하게 생각하는 가치관은 무엇인가요?

빵 맛을 좌우하는 가장 큰 요소는 다름 아닌 '좋은 식자재'와 '정직'이라고 아버지께서 늘 말씀하셨어요. 좋은 식자재를 정직하게 사용하고 나아가 기술력까지 갖춘다면 그 빵은 맛없을 수가 없습니다. 더불어 기본과 초심을 잃지 않겠다는 마음도 중요합니다. 식자재 가격이 몇 년 사이에 폭등했지만, 10년간 빵값을 올리지 않았어요. 삼송빵집의 시작이 남문시장 지역 사람들이 찾던 푸근한 빵집이었던 것처럼, 지금 그리고 앞으로도 삼송빵집이 남녀노소 누구나 편하고 맛있게 먹을 수 있는 빵집이기를 바랍니다.

삼송빵집 1957

백초당

자연으로의 회귀

Editor *Cho Jihyun* **Photographer** *Jun Yeseul*

한의학 박사인 신전휘 백초당 대표가 약령시에 터를 잡은 지도 50년이 다 되어간다. 그는 오랜 세월 산으로 들로 향했고, 그리고 국경을 넘나들었다. 조선 시대 의서인 <향약집성방의 향약본초>를 재출간하기 위해서다. 수없이 마주한 약초임에도 언제나 생경했고, 언제나 감사한 마음이었다. 늘 그 자리에 존재하며 우리에게 많은 것을 내어주는 자연의 힘을 빌려 연구에 임했다. 그 힘을 모든 이에게 전하겠다는 일념으로 지속해온 17년간의 연구 끝에 그가 하고자 하는 말은 단 하나처럼 들렸다. 이제는 자연으로 돌아갈 때라고. 그 멀고도 가까운 진리에 다가가는 이야기가 여기에 있다.

가정상비약 백초환(百草丸)

```
┌─────────┐
│  복용법  │
└─────────┘

하루 3회. 식후 30분~1시간에 복용.

1회 20알 정도. 따뜻한 물로 복용함.
```

백초당 한약방

대구광역시 중구 달구벌대로 415 길 38
(대구광역시 중구 장관동 55 · 약전골목 중앙)
☎ (053)252-5505 · 257-0333
야간 254-5802 · FAX 254-5595

신 정 희
(전 휘)

<향약집성방>은 <의방유취>, <동의보감>과 함께 조선 시대 3대 의서 중 하나입니다. 약초 이름만 적혀 있어 실용성이 없던 <향약집성방>을 보완하기 위해 527년 만에 <향약집성방의 향약본초>를 출간하셨다고요. 직접 약초를 찾아다니며 사진을 찍고 상세한 설명을 책에 담아내기까지 17년간의 연구 기간이 걸렸다고 들었습니다

대구약령시 한방문화축제가 열리면서 약령시와 함께 일을 하게 됐어요. 한약과 관련한 유물을 전시할 수 있는 전시관을 기획 중이었는데, 그러려면 내용물이 있어야 하는 거예요. 약령시전시관에 놓을 한약 고서를 모으기 시작한 게 <향약집성방의 향약본초>의 시초예요. 조선 시대에 향약과 관련한 내용을 최초로 기록한 책이 바로 <향약집성방>이에요. <향약집성방>과 함께 조선 3대 의서라 불리는 <의방유취>와 <동의보감>도 조선 시대에 최초로 발간되었고요. <향약집성방>에는 총 365가지 약재가 기록되어 있습니다. 1년의 시간과 같죠. 이 책의 특징은 우리나라 역사성에 있습니다. 예를 들면 사초군에 속하는 한 식물에 대한 모든 것을 담아내는 거예요. 어릴 때의 모습을 비롯해 꽃과 열매, 씨앗의 모양과 특징은 무엇이며, 약재가 되었을 때 어떠한 뿌리가 쓰이는지를 말이죠. 1479년 시절 승지인 이경동이 성종에게 말해요. <향약집성방>이 참 좋은 책인데 한문으로 되어 있을 뿐 아니라 약초의 이름만 나와 있어 서민이 읽지 못하니 그림이라도 그리자고요. 성종은 이를 실행하라는 어명을 내리지만 결국 오랫동안 완성되지 못했습니다. <향약집성방의 향약본초>를 보고 사람들이 "527년 만에 성종의 어명을 이루어낸 책"이라고 말하는 것도 그런 이유지요. 향약은 우리나라의 고향과도 같은 것이에요. 우리 땅에서 나는 약초를 사용해 가난한 백성과 노동하느라 고생하는 백성, 병을 앓는 백성을 치료할 수 있도록 도움을 주는 책이 바로 <향약집성방>입니다.

1975년 한약사 자격증을 취득한 후 백초당을 시작하셨습니다. 한약, 그중에서도 약초에 집중한 이유를 듣고 싶습니다.

간단해요. 내가 한약사 일을 시작했을 때만 해도 완성된 약재와 한약밖에 몰랐어요. 뿌리로 약을 만드는 데도 그 뿌리가 어떤 식물의 뿌리인지조차 잘 몰랐던 거예요. 한약을 만드는 사람으로서 전체를 알아야겠다고 생각했어요. 약재의 가장 기본이 되는 약초 전문가가 되어야겠다고 말이죠. 그게 전부입니다. 그렇게 시작해 한 우물만 팠어요. 그 우물을 판 것이 먹고사는 방편도 됐지만, 한약 시장의 인식을 높이는 데 작게나마 역할을 했다고 생각합니다.

goeul

한약을 달이기 전 약재의 무게를 재고 있는 신전휘 대표.

약령시장, 약령시 축제가 있을 만큼 대구는 약재로 유명한 도시입니다. 백초당은 그중에서도 1세대로 꼽히는 유구한 역사를 지닌 곳인데, 대구에 터를 잡은 특별한 이유가 있나요?

내가 약령시에 온 지 50년이 다 되어가요. 약령시는 역사상 한약 집산지예요. 전국에 있는 한약이 모이는 곳으로, 한방 산업의 발전과 활성화에 큰 역할을 하며 국가 경제에 도움을 주고, 각지 사람들이 여기 와서 또 1년 치 약재를 가져가는 것이 약령시의 원래 목적입니다. 약전골목은 어디보다 약이 많아야 하고, 한약사는 약에 대한 지식이 해박해야 해요. 누가 언제 약에 대해 무엇을 물어도 전부 대답할 수 있는 능력을 갖추고 있어야 하죠. 나도 먹고살려고 하니 약전골목이 가장 좋겠다 싶었지요. 사람은 먹는 게 첫째예요. 먹고살려면 밥통을 만들어야 하는데, 찾다 보니 약전골목에 오게 됐어요. 그런데 와보니까 내가 밥만 먹어서 될 일이 아닌 거예요. 다른 사람에게도 도움을 줘야 했습니다. 그걸 약으로 할 수 있어서 참 좋아요. 공유하는 것이죠. 그것이 책이 되었고요. 가게 밖 한편에 약재를 전시해놓은 이유도 마찬가지예요. 사람들에게 한약에 대해 조금이라도 더 알려주고 싶었죠.

백초당을 계기로 약초 인생을 시작한 아버지에 이어 아드님도 한의학을 전공했다고요. 약초로 대를 잇는다는 것은 박사님께 어떤 의미인가요?

보통 한 분야에서 전문가가 되려면 30~40년 고생해야 해요. 하지만 아버지가 아들에게 지식을 물려주면 그 시간이 단축되죠. 나는 실전에 강하고, 아들은 이론에 강해서 둘이 합치면 좋은 것이 나오죠. <향약집성방의 향약본초>도 아들과 함께 집필했어요. 내가 한약을 한 지 45년이 됐고, 지금 여든한 살이니 조만간 한약방을 그만둬야 해요. 그때는 아들과 함께 한의학 도서관을 짓고 싶은 꿈이 있어요. 또한 모두가 쉽게 약초를 공부할 수 있도록 영상 학습 자료도 만들고 싶습니다.

국내 약초는 현대인에게 생소할 뿐 아니라 양약보다 신뢰받지 못하는 경향이 있는 것 같습니다. 이러한 국내 약초에 대한 인식이 아쉽지 않으세요?

1970~1980년대에 한약이 성행하면서 수입자들이 이득을 취하기 위해 중국에서 나쁜 약재를 들여와 국민의 불신을 한껏 산 적이 있습니다. 그 불신을 없애기 위해 식약처가 설립되고 관능검사위원이 생겼어요. 10년 이상 한약을 만들어온 사람들을 전문위원으로 선정해 규정에 따라 한약의 안전성을 검사함으로써 불신을 없애고자 했죠. 대부분 의료보험 혜택이 적용되지 않는 것도 이유입니다. 화약품으로 만든 약과 자연을 토대로 만든 약이라는 차이가 있음에도 한약이 지금껏 대중에게 신뢰를 얻기 쉽지 않은 것은 그 때문이죠. 하지만 역사성을 보면 돼요. 한국전쟁 이후에는 최초의 항생제인 페니실린이 나왔죠. 바르면 낫고, 먹으면 낫는 약으로 효과가 좋았습니다. 하지만 항생제는 고쳐야 할 한 부분만을 위해 화학 실험을 거쳐 만든 약이다 보니, 한약에서 말하는 '음양'이 안 맞아요. 한쪽으로 치우쳐 있다는 말입니다. 하지만 자연은 음과 양이 조화를 이루고 있어요. 좋은 면도 있고 나쁜 면도 있지요. 예를 들면 식물의 독은 그 나름의 방어 수단으로 만들어진 거예요. 식물이 자신을 지키기 위해 자연스레 만들어내는 것이죠. 한약은 몇천 년 동안 전해 내려오면서 과학이 아닌 인체 실험으로 밝혀졌습니다. 아주 옛날 잘 모른 채로 독을 먹고 죽은 사람을 보면서 저 약을 먹으면 죽는다는 사실을 깨닫게 되죠. 그렇게 직접적인 과정을 거쳐 만들어진 것이 한약입니다. 병이 났을 때 자연으로 치료하는 방법을 찾아 자연의 품으로 돌아가고, 자연과 함께 산다면 좋겠어요.

무수히 많은 산과 들을 다니며 약초 개발에 힘쓰셨다고요. 어디에 있을지 모르는 약초를 캐러 다닌다는 것은 때로는 무모하고 막연한 일처럼 느껴지기도 합니다. 확신이 불분명한 상태에서도 연구에 매진할 수 있었던 원동력은 무엇인가요?

확신을 가지고 할 수 있는 일은 아무것도 없어요. 연구를 할 때는 새벽 4시 반에 일어나 외출 준비를 하고 주먹밥을 만들어 산으로 가서 약초를 캤어요. 집에서 2시간 이내의 거리에 있는 산은 거의 다 다녔습니다. 낮에는 가게에 와서 손님을 맞이해야 하니 더 멀리 가진 못했어요. 아무리 늦어도 오전 10시 이전에는 와 영업을 시작해야 했죠. 그렇게 한 세월이 17년이에요. 수학 공식 하나 풀기 위해 하루 종일 고민하다가 마침내 다 풀면 기분이 좋잖아요. 그거랑 똑같습니다. 일례로 책에 들어갈 새싹을 하나 찍었다면, 그다음에는 꽃을 찍어야 하죠. 그 꽃을 발견하면 그렇게 반가울 수가 없었어요. 꼭 찾고 싶었던 약초를 발견하면 희열과 함께 엔도르핀이 솟구치는 거예요. 그날그날 찍은 사진을 현상해서 잘 나온 사진을 책에 싣는 과정이 참 즐거웠습니다. 그렇게 만든 것이 이 책이에요.

1. 책상 위에는 신전휘 대표가 공부하고 있는 책이 정갈하게 놓여 있다.
2. 백초당 한편에 자리한 공간에서 한약이 만들어지고 있는 모습.

약초는 종류가 많은 만큼 효능도 제각각일 거 같아요. 양약과 다른 한약재만의 특징이 궁금합니다.

양약은 과학적 근거를 바탕으로 한다면 한약은 경험적 근거에 따른 것이죠. 이론과 실기 중 어느 것이 더 정확한지 따져보면 물론 이론, 즉 과학이 더 정확해요. 하지만 양방은 대부분 병명이 나와야만 치료를 할 수 있습니다. 병명을 모르면 아무리 아파도 약을 찾기가 어렵죠. 반면 한방은 증세가 나타나면 약을 찾을 수 있습니다. 병명이 없더라도 증세를 토대로 약을 처방할 수 있죠. 하지만 중요한 건 한약과 양약이 서로 보완해야 할 점이 있다는 겁니다. 서양의학과 동양의학을 합친 제3의학이 나와야 한다는 말이에요. 서로의 이득을 위해 한의사는 양의사를 욕하고, 양의사는 한의사를 욕하는데 그럼 누가 손해를 보겠어요. 국민이죠. 서로의 강점은 살리고 단점은 보완하는 제3의학이 생겼으면 하는 것이 내 바람입니다.

<향약집성방의 향약본초>에는 원서에선 볼 수 없는 약초 사진이 들어 있다고요. 박사님께서도 그 약초들을 구별하는 작업이 쉽지 않았을 것 같습니다.

 365가지 약초를 쭉 나열한 다음 각각의 약초를 씨앗, 새싹, 꽃, 열매로 나눠 표를 만든 뒤 하나씩 찾아 사진을 찍을 때마다 체크를 했어요. 하지만 그게 정확한지 확인이 필요했죠. 내 딴에는 열심히 찍었지만 전문가가 보면 틀릴 수도 있으니까요. 경북대학교에 있는 생물학 전공 교수를 찾았어요. 그렇게 사진을 보여주면서 하나하나 확인받는 과정에서 좌절도 컸습니다. 하지만 이 교수가 나에게 용기를 줬어요. 처음 만들다 보면 틀릴 수도 있으니 그냥 하라고요. 시행착오를 많이 겪어가며 책을 만들었어요. 사실 식물 촬영은 한두 번 가서 될 일이 아니에요. 햇빛의 밝기도 맞아야 하고, 계절이나 시기도 맞아야 합니다. 아침에 피는 나팔꽃은 저녁에 못 찍어요. 달맞이꽃은 저녁에 찍어야 하고요. 게다가 밤에는 어두워서 찍기가 쉽지 않죠. 국내에 없는 약재를 찾아 중국에 간 것만 15번이에요. 백두산도 몇 차례 올랐습니다.

요즘 현대인은 소화 장애를 만성질환처럼 안고 삽니다. 아토피, 두드러기 같은 피부 질환을 앓는 사람도 심심치 않게 볼 수 있고요. 자연으로 돌아가야 한다는 박사님의 말씀과는 정반대의 삶을 살고 있는 이들이 많은 것 같습니다.

허준 선생이 <동의보감>을 만들 때 어떤 사상이었느냐 하면, 우리가 먹는 음식이 곧 약이라는 거였습니다. '식약동원사상'이라고도 하죠. 음식은 약과 뿌리가 같으니 음식을 먹으면 건강하다는 이야기인데, 외국과 교역을 하고 외국 음식 문화를 받아들이면서 병이 더 많이 생기기 시작했습니다. 우리의 아버지, 할아버지, 그 위 조상대부터 먹던 음식은 여기에 해당하는 음식이 아니었기 때문이에요. 지금은 오히려 우리 음식을 별로 안 먹어요. 다시 식약동원사상으로 돌아가야 합니다. <향약집성방>에는 자신이 난 곳에서 백 리 이내의 음식을 먹으라고 쓰여 있어요. 그래야 풍토병도 없고 사람들도 건강한 겁니다. 지금 우리가 먹고 있는 천 리 밖에서 나는 음식은 우리 풍토에 맞지 않는 거예요. 요즘 아이들이 두드러기가 많이 나는 이유도 그 때문이죠. 난 그렇게 생각해요. 자식은 본래 어머니 품으로 돌아가야 하고, 그 어머니 품이 바로 자연이라고요.

약초가 사람의 건강을 이롭게 하는 원리가 궁금합니다.

김치를 먹으면 건강하다고 하지만 그 원리를 설명하기는 쉽지 않아요. 그 안에 수천 가지 물질이 들어 있으니까요. 담배도 마찬가지입니다. 수천 가지의 물질이 포함돼 있는 데다 연기 속에도 여러 가지 발암물질이 있으니 과학적으로 모든 해로움을 증명하기가 어려워요. 또 다른 예로 인삼은 관련 논문이 4,000여 편에 이릅니다. 몸에 좋다는 인삼마저 효능에 대한 정확한 이유가 없어요. 아주 오랜 시간 연구해왔는데도 말이죠. 다만 한방은 여러 가지 물질을 하나로 합치는 의학이에요. 된장찌개 하나를 끓이더라도 그 안에 무엇을 더 넣느냐에 따라 맛과 효과에서 차이가 납니다. 최소한 10가지 약재가 합쳐져 우리 몸을 이롭게 한다는 거예요.

약초가 약재가 되어가는 과정에서 가장 중요한 단계는 무엇인가요?

세종대왕 때 정학유가 지은 '농가월령가'라는 가사가 있어요. 약마다 언제 캐야 하는지가 나와 있습니다. 뿌리째 쓰는 약은 가을에 캐야 하고, 잎을 쓰는 약은 가장 무성할 때 캐야 하죠. 똑같은 이야기입니다. 사과는 빨갛게 익어야 맛있어요. 약초가 언제 효과가 가장 좋은지에 대해서는 세종대왕 때 밝혀졌어요. 그게 지금까지 전해지고 있다고 보면 됩니다. 약초의 효능이 좋은 시기를 알아보고 약재를 만드는 것이 가장 중요하지요.

약초에 생소한 대중에게 꼭 전하고 싶은 말씀이 있다면요?

세상에 처음 태어난 아이마다 이름이 있어요. 마찬가지로 식물에도 이름이 있습니다. 자라는 곳에 따라 성질도 다르죠. 식물이 곧 약이고, 그걸 연구하는 것이 한의학이에요. 식약동원사상에서 말하듯, 밥을 못 먹던 옛 시절에는 나물, 즉 식물이 음식이고 약이었어요. 그런데 세대가 바뀌면서 나물을 즐겨 먹지 않아요. 등산을 하더라도 먹을 수 있는 약초를 알아보고 채취해서 삶아 먹어야 한다는 생각이에요. 그러려면 결국 식물의 이름을 알아야 하죠. 나태주 시인의 시처럼 식물도 자세히 봐야 정감이 가고, 사랑하게 되고, 이름을 알게 되면 그때 나한테 오는 거예요. 즉 식물을 음식으로 먹었을 때, 비로소 건강해지는 것이죠. 그게 한약이고요. 공기 좋고 물 맑은 곳에서 자란 식물을 먹으면 몸도 깨끗해집니다. 자연과 나의 일심동체, 즉 자연 속에 내가 있고 내 속에 자연이 있어요. 자연과 나는 한 몸인 거예요. 자연하고 멀어질 때 문제가 생기는 거죠.

마주 앉은 노인의 증상을 귀담아듣고 있는 신전휘 대표.

LOCAL SHOP

DEEP ROOT OF DAEGU

오랜 뚝심과 열정으로 이어온 대구의 참맛.

EDITOR
Bae Danbee, Ha Jiyoung, Cho Jihyun

PHOTOGRAPHER
Jun Yeseul, Jung Kihun, Shin Umi

미가식당

맛 미味, 집 가家. 말 그대로 '맛있는 집'이라는 뜻으로 냄비밥의 원조라고 불리는 미가식당에는 매일 고소한 밥 냄새가 퍼진다. 반들반들 윤기가 흐르는 냄비밥을 눈으로 먼저 맛보고, 질지도 되지도 않고 고슬한 밥알이 입안을 가득 채우면 진정한 풍미를 맛볼 수 있다. 한 상 가득 차려지는 밑반찬은 덤. 밥을 싹싹 긁어 먹고 나면 뜨거운 물을 부어준다. 따뜻하고 든든한 누룽지와 숭늉까지 맛보고 나면 배가 불러도 더부룩하지 않고 깔끔하게 한 끼를 마무리할 수 있다. 냄비밥 개발은 우연히 시작되었다. 장사 초기 시절 수요를 파악하기 어렵다 보니 정성 들여 지어놓은 밥이 한가득 남기 일쑤였다. 이를 고민하던 정선숙 사장은 손님이 오면 그때그때 내어줄 수 있는 냄비밥을 고안했다. 갓 지어 맛도 좋으면서 아깝게 밥이 남지 않으니 일석이조였다. 낙지볶음과 고등어조림은 미가식당의 대표 메뉴로 냄비밥과 함께 먹으면 그 맛이 일품이다. 서남시장에서 직접 구입해 오는 싱싱한 낙지와 정선숙 사장이 3년 동안 연구한 고추장으로 만든 양념이 어우러져 매콤하면서도 쫄깃한 낙지볶음이 완성된다. 고등어조림은 남편인 최용철 사장의 기호가 고스란히 반영된 메뉴다. 고등어조림을 메뉴로 정했을 때만 해도 대구에서는 고등어를 구이로 먹던 시절이었다. 양념이 고스란히 배어 있는 무와 살이 가득한 고등어의 조합은 출시되자마자 대단한 인기를 얻었다. 냄비밥을 포함한 모든 메뉴가 2인 이상 주문이 가능해 1인 메뉴를 원하는 주변 이웃들의 목소리가 자자하다. 약 24년의 역사를 지닌 맛집으로 정평이 났지만 우여곡절도 많았다. 장사가 워낙 잘되자 가게 자리를 탐내던 이들의 등쌀에 밀려 한 골목에서만 3번의 이사를 해야 했다. 하지만 그것은 늘 전화위복이었다. 이사를 할 때마다 가게가 커지고 테이블 수가 늘어나면서 자연히 받아들일 수 있는 손님의 수도 늘어났다. 그렇게 24년의 세월이 흘렀다. 사장 부부는 미가식당을 "뒷골목의 허름한 집"이라고 말하면서도 맛만큼은 언제나 최고이길 바라는 마음을 담아 음식을 만든다. 이렇듯 미가식당은 변함없이 죽전동의 좁은 골목을 강직하게 지키고 있다.

Type 한식
Add 대구시 달서구 달구벌대로309길 18
Tel 053-526-6675
Opening Hours 10:30-21:00

goeul

goeul

Daegu

미도다방

대구 진골목의 좁은 골목길 끝에 자리한 미도다방은 1928년 시작해 93년째 명맥을 이어가고 있다. 물론 미도다방의 안주인은 여러 차례 바뀌었지만 1978년 정인숙 대표가 인수하면서 오늘날까지 전통을 이어 대구의 대표 다방으로 자리를 지키고 있다. 1년 365일 고운 한복을 입고 사람들을 맞이하는 정 대표는 한국 전통을 지키고 미도다방의 공간과 사람 모두 본래의 모습을 변함없이 유지하며 편안한 자리가 되어주겠다는 각오로 운영해왔다. 이를 잘 보여주듯 내부의 공간은 옛날 다방 소파와 테이블, 오색 방석 등을 그대로 보존하고 있다. 미도다방은 과거 경북 지역의 문인과 화가, 정치인들이 모여드는 문화 살롱이자 사랑방이었다. 밤이 깊어가는 줄 모르고 격변해가는 세상에 대해 열띤 토론을 이어가는 이야기의 장이었다. 화백은 담뱃값 은박지에 그림을 그렸고, 소설가는 새로운 작품 구상에 매달렸다. '아름다운 도시 속의 다방'이라는 의미 그대로 대구 사람들의 중심에는 미도다방이 있었다. 다방을 사랑했던 예술가들이 선물한 작품들로 벽면이 가득 메워져 있을 정도다. 가족을 부양하기 위해 처음 시작한 다방 일은 정 대표에게도 녹록지 않았다. 막내로 태어난 그는 할아버지의 사랑을 독차지하며 어른들과 대화하는 것을 무척이나 좋아해 다방을 찾는 어르신들과 격조 높은 이야기를 나누는 것을 즐겼다. 때때로 정 대표의 직업을 천대하는 손님 때문에 힘든 나날도 있었지만 '천직賤職이 아닌 천직天職이구나'라는 생각으로 자신의 직업을 사랑하기 시작했다. 미도다방은 커피, 냉커피, 쌍화차, 강황물차 등 다방의 기본 메뉴를 갖추고 있다. 쌍화차는 대구가 한약재로 유명한 도시인 만큼 약령시장에서 직접 구해 온 한약재 여덟 가지와 조청을 넣어 매일 아침 약을 달이듯 끓여내고 있다. 여느 다방의 쌍화차와 다르게 진한 색을 띠며 약재의 향이 깊다. 전상렬 시인은 생전에 마지막 작품으로 '미도다방'이라는 시를 남겼다. "종로 2가 미도다방에 가면 정인숙 여사가 햇살을 쓸어 모은다. 꽃시절 나비 이야기도 하고 장마철에 꺾인 상처 이야기도 하고 익어가는 가을 열매 이야기도 하고". 지금껏 그래왔듯 미도다방은 이 자리에 계속 남아 만남의 장이자 이야기의 장을 만들어갈 것이다.

Type 카페
Add 대구시 중구 진골목길 14

Tel 053-252-9999
Opening Hours 09:30~22:00

Daegu

Daegu

상주식당

동성로는 하루가 다르게 변한다. 모든 게 변하지 않을 이유가 없는 그 골목 깊은 곳에는 가지런히 윤을 내며 시간이 멈춘 추어탕집이 하나 있다. '상주식당'이라는 이름이 크게 적힌 현관을 지나 안으로 들어서면 널찍한 마당에 큰 무쇠솥 대여섯 개, 앞치마를 두르고 솥을 지키고 선 '식구'들(상주식당의 차상남 대표는 직원을 식구라고 말한다), 그리고 머리가 하얗게 센 차상남 대표가 각자의 자리에서 손님 한 사람 한 사람을 반긴다. 차상남 대표의 어머니가 1957년에 시작한 상주식당은 흐르는 시간과는 무관하게 변하지 않는 모습을 한 채 추어탕 한 그릇으로 사람들의 배를 불린다. 어머니는 당시 열 살이던 장녀 차상남을 포함해 어린 삼 남매를 데리고 상주에서 대구로 내려오며 생업으로 상주식당을 시작했다. 1993년 어머니가 돌아가시며 차상남 대표가 상주식당을 이어받아 운영해가지만, 딱히 전수랄 것은 없었다. 차상남 대표는 대구에 상주식당이 문을 연 열 살부터 어머니를 도우며 몸으로 모든 일을 익혔고, '근면, 성실, 정직'이 상주식당의 존재 이유이자 모녀의 자존심이었기 때문이다. 상주식당의 메뉴는 단 하나 '추어탕 한 그릇'이다. 국은 돈을 약간 더 지불해 추가해서 먹을 수 있고, 밥은 "그냥 드세요"라는 말이 전부다. 처음 문을 연 당시에는 계절에 따라 봄에는 닭개장, 여름에는 육개장, 가을에는 추어탕, 겨울에는 곰탕을 메뉴로 내놨다. 그러다 차상남 대표의 끊임없는 설득 끝에 추어탕을 단일 메뉴로 운영하게 됐다. 차상남 대표는 상주식당이 더 오래 자리를 지킬 수 있도록 의미 있는 변화를 시도했다. 그 변화 중 또 하나는 상주식당의 운영 기간이다. 추어탕이 가장 맛있는 시기인 4월부터 11월까지 운영하는 것. 추어탕에 들어가는 재료는 크게 배추, 미꾸라지, 제피로 가짓수는 단출하지만 그렇기에 오래전부터 최상품의 식자재로 정성을 기울여 만들어낸다. 추어탕의 맛을 좌우하는 재료는 미꾸라지보다 배추다. 그 이유는 계절과 배추의 종류에 따라 맛뿐 아니라 한 솥에 넣고 끓이는 양도 달라지기 때문이다. 상주식당은 오로지 '천방배추'라 불리는 잎이 얇고 가는 배추만을 사용해 정성껏 끓인 추어탕을 상에 낸다. 어머니가 일구고 차상남 대표가 고스란히 이어가는 정성과 노고는 한 그릇 추어탕의 담백하고 깊은 맛으로 담긴다. 손님들은 그 맛을 알고 들어오고 나갈 때 허리 숙여 인사를 건넨다. 차상남 대표는 변함없이 늘 환한 웃음을 지으며 진심을 다해 그런 그들을 맞이하고 배웅한다.

Type 한식
Add 대구시 중구 국채보상로 598-1
Tel 053-425-5924
Opening Hours 9:00-20:00, 4월부터 11월까지 운영

Daegu

오가닉 모가

가끔 그런 때가 있다. 일상을 떠나 새소리와 잔잔한 바람, 따스한 햇살 속에서 모든 근심 걱정을 잊고 싶은 때, 그럴 때 찾기 좋은 곳이 대구 시내 안에 고즈넉이 자리한다. 오가닉 모가의 오랜 세월을 견뎌낸 적산가옥은 나무의 진한 빛깔을 드러내고 내리쬐는 햇빛만큼의 처마를 우리에게 내어주는데 영화 속 한 장면처럼 잊히지 않는 모습이다. 모과를 조금 더 발음하기 쉽게 모가로 바꿔 이름 지었다는 오가닉 모가. 80년 전 지은 적산가옥을 조금씩 고치고 단장해 카페 공간으로 만들기까지 오랜 세월의 흔적들과 많은 타협이 필요했지만 이승욱 대표는 무엇하나 과하지 않으면서 온유하게 조화로운 공간을 탄생시켰다. 가옥이 처음 지어질 때부터 함께한 유리창에는 건축주가 고향을 그리워하며 새겨 넣은 일본 후지산 그림이 남아 있어 마치 이곳의 시간만 그대로 멈춘 듯하다. 커피와 차 그리고 베이커리를 만들고 있는 오가닉 모가는 아메리카노의 원두는 대구 '라우스터프'에서, 라테의 원두는 부산 '히떼 로스터리'에서 받아 사용한다. 각기 특성이 다른 메뉴에 걸맞게 원두를 고른 대표의 세심함을 느낄 수 있다. 이곳을 찾는 이들에게 다양한 커피의 맛을 전하고자 필터 커피의 원두는 2주마다 브랜드를 바꿔가며 변화를 주고 있다. 유일한 차 메뉴는 고급 백차를 베이스로 열대 과일을 블렌딩해 가볍고 은은하면서도 화사한 향이 나는 백차다. 오가닉 모가의 차분하고 정갈한 공간과 부드럽게 잘 어우러지는 맛이다. 그뿐 아니라 제철 과일을 사용해 계절마다 한정 메뉴를 소개하는데 올여름에는 '여름맛'이라 하여 고창 수박 주스와 경산 천도복숭아 소르베를 선보였다. 케이크와 마들렌, 쿠키 등 베이커리는 모든 직원이 함께 매일 새벽에 나와 정성 들여 직접 만드는데 친누나와 여자 친구가 이 대표와 힘을 모아 카페를 꾸려가는 중이다. 적산가옥과 세월을 함께한 모과나무는 널따란 그늘을 만들고 이곳을 찾는 이들에게 나뭇잎을 흔들며 말을 걸어온다.

Type 카페 ***Tel*** 0507-1372-4554
Add 대구시 중구 동덕로 48-5 ***Opening Hours*** 11:00-21:00, 화 휴무

Daegu

090

goeul

전원돈까스

동성로 중심지 어느 건물 지하 1층으로 내려가면 드러나는 1990년대 경양식집의 분위기가 정겹다. 천장에는 종일 실링팬이 돌아가고, 사이드를 따라 배치된 테이블과 소파 좌석, 그 위로 색색의 옷을 입은 등이 자리마다 불을 밝히고 있다. 옛 추억의 경양식집 모습을 그대로 이어오는 전원돈까스는 매일 많은 사람이 동성로 중심지를 걷다 어느 때고 계단을 내려와 자리에 앉아 식사를 하고 갈 만큼 편안하고 익숙한 곳이다. 1980년 대구백화점 부근에서 처음 문을 연 이후 1991년 아들이 물려받아 두 번의 이전을 거쳐 현재의 동성로 자리에서 운영 중이다. 당시 텔레비전에서 <전원일기> 예고편을 보고 이름 지은 전원돈까스는 대구에서 우리나라 경양식 돈까스 특유의 모양새와 맛이 시작된 곳이기도 하다. 일본식 돈까스와 달리 얇게 다진 고기에 튀김옷을 입혀 짧은 시간 내에 고온으로 튀겨 겉과 속 모두 바삭하고 소스는 달짝지근하면서 감칠맛이 돈다. 넓은 접시에 돈까스와 밥을 사이 좋게 담고 그 옆에 우동면을 올린 양배추 샐러드, 옥수수, 맛살, 마카로니를 나란히 놓는다. 샐러드 위에 올린 면은 서양 사람들이 스파게티를 먹는 것을 떠올리고 당시 수급할 수 있는 우동면으로 대신한 것이다. 별도로 내어주는 깍두기는 전원돈까스를 열기 전 설렁탕집을 운영하던 경험을 살린 것이다. 대표 메뉴인 돈까스는 기본과 곱배기 메뉴가 있는데, 이 또한 오래전 근처 학교의 운동하는 학생들을 배려한 구성으로 지금까지 이어오고 있다. 오랜 세월 전원돈까스를 찾는 사람들은 그 맛을 기억해서이기도 하지만, 맛있게 먹던 추억이 몸속 깊이 새겨져 있어서이지 않을까.

Type 양식, 경양식
Add 대구시 중구 동성로6길 2-23

Tel 053-424-8220
Opening Hours 11:00-21:00, 명절 휴무

goeul

Daegu

하이마트 음악감상실

대구에는 1940년대부터 하나둘 생겨나기 시작한 유서 깊은 음악감상실 약 20개가 공존했었다. 그중 녹향 음악감상실, 르네상스 음악감상실, 하이마트 음악감상실이 1세대 대표 음악감상실로 꼽혔다. 그러나 녹향은 대구시 향촌문화관에 인수되었고, 르네상스는 1987년 문을 닫으며, 현재 하이마트만이 유일하게 남아 있다. 하이마트 음악감상실은 1957년 5월 옛 대구극장 맞은편 2층 자리에 고 김수억 대표가 처음 문을 열었다. 그는 서울에서 기타를 치며 미군 부대를 통해 음반을 어렵사리 수집하던 진정한 음악 애호가이자 사업가였다. 1950년 한국전쟁이 일어나자 트럭에 음반을 싣고 대구로 피란을 내려와 음악감상실을 차렸다. 독일어로 '고향'이라는 의미의 '하이마트Heimat'를 감상실 이름으로 붙이며 자신처럼 고향을 떠나 대구로 내려온 많은 이에게 마음의 고향 같은 공간을 만들어주고자 했다. 주로 클래식을 취급하던 이곳은 입장료만 내면 종일 다과와 음악을 즐길 수 있어 당시 청년들에게는 그야말로 천국같은 곳이었다. 워크맨이나 오디오가 대중화되지 않은 1970~1980년대에 가장 문전성시를 이루었는데, 특히 클래식 감상 동아리 학생들의 발길이 끊이지 않았다. 영남대, 경북대 연합 동아리 의향회와 에스텔라, 유터피, 가현회 등의 청년들이 찾아와 클래식 음악에 흠뻑 빠져 있다 돌아갔다. 하이마트 음악감상실의 공간은 입구 쪽에 다과를 즐길 수 있는 휴게실이 마련되어 있고, 그 안쪽으로 50석 규모의 감상실이 있다. 세월의 흔적이 느껴지는 감상실은 옛 분위기를 그대로 간직하고 있다. 음악을 재생하는 전축실에는 각종 음반과 매킨토시 앰프, 탄노이 스피커 등 좋은 사운드를 위한 장비들이 보인다. 가만히 앉아 오래된 음반에서 흘러나오는 선율을 감상하고 있으면 아날로그 시대의 낭만이 느껴진다. 이후 김수억 대표의 외동딸 김순희 대표가 물려받으면서 1983년 현재의 하이마트 자리로 이전해 아버지가 남긴 공간을 지켜나가고 있다. 현재는 김순희 대표의 아들 부부 내외가 음악감상실을 꾸려 나가고 있다. 입장료는 8,000원으로 원두커피, 주스, 모과차가 준비되어 있으며 간단한 쿠키도 제공한다. 듣고 싶은 고전음악을 전축실에 신청하기만 하면 틀어주니 더할 나위 없다. 답답한 일상을 잠시 뒤로하고 오롯이 아름다운 클래식 선율 속에서 시간을 보내면 어떨까. 이런 시간이 또 언제 찾아올지 모르니.

Type　카페, 음악감상실
Add　대구시 중구 동성로6길 45
Tel　053-425-3943
Opening Hours　11:00-21:00, 월 휴무

goeul

Daegu

고인돌

대구에는 예부터 도계장이 많았다. 어느 순간 평화시장 근방으로 닭의 부산물을 활용하는 음식점이 하나둘 생겨났으며, 특히 인력시장이 형성된 이곳에서 노동자를 위해 값싸고 맛있는 안주를 고안하다 개발한 메뉴가 바로 닭똥집이다. 쫄깃하고 고소한 식감뿐 아니라 저렴하게 즐길 수 있다는 점에서 최고의 별미가 되었다. 그렇게 평화시장과 바로 이어지는 자리에 전국에서 유일한 닭똥집 골목이 형성되었다. 이 골목에서는 오로지 닭똥집 튀김만 취급하는 것으로 유명하다. 닭똥집골목번영회 회장으로서 이 골목을 널리 알리는 데 힘쓰고 있는 김정숙 대표는 2003년 가게를 인수해 닭똥집 전문점 고인돌을 운영 중이다. 김 대표는 기존 레시피를 버리고 새로운 레시피를 개발했다. 조미료를 사용하지 않고 불, 양념, 조리 시간의 황금 비율을 찾아냈다. 특히 닭똥집 튀김의 소스는 물엿에 고춧가루와 양념을 넣고 끓이는 일반적 방식과 달리 물엿을 먼저 한 소끔 끓여 식힌 후 양념을 넣어 매콤 달콤하고 깔끔한 맛을 내는 것이 이곳의 비법이다. 냉장 닭똥집만을 사용하며 한 번 기름에 튀겨낸 닭똥집은 다시 열을 가해 2차 가공하지 않는 것이 김 대표의 소신이다. 좋은 서비스를 제공하되 음식만큼은 예전 맛 그대로 고수한다는 고집으로 지금껏 운영해왔다. 그런 노력의 결과 지금도 가게 앞은 사람들로 문전성시를 이룬다. 닭똥집 튀김은 프라이드, 양념, 간장 세 가지 중 선택이 가능하다. 튀김 반죽이 두껍지 않아 깔끔한 맛이 일품이며, 그 안의 닭똥집은 씹으면 씹을수록 쫄깃해 자꾸만 손이 간다. 김 대표의 단단하고 올곧은 음식 철학은 맛을 통해 고스란히 전해진다.

Type 한식
Add 대구시 동구 아양로9길 5
Tel 053-951-3238
Opening Hours 11:00-02:00, 매월 셋째 주 월 휴무

Daegu

미성당

대구를 대표하는 분식이자 대구 10미에 꼽히는 납작만두는 1963년 문을 연 미성당이 원조다. 납작만두는 한국전쟁 시절 피란민들이 구호품으로 지급받은 밀가루에 당면만 넣고 만들어 먹던 음식으로, 오늘날 다른 지역에서는 쉽게 접할 수 없는 대구의 별미로 자리 잡았다. 일반 만두와 다르게 담백한 밀가루 맛으로 즐기는 메뉴다. 3대째 가업을 이어가고 있는 미성당은 대구 내 18개 지점이 있으며, 본점인 남산동 미성당은 언제나 사람들로 가득하다. 다른 납작만두 가게들과 달리 강한 불에서 빠르게 구워 불맛을 입히는 것이 이곳의 비결. 불맛 가득한 납작만두 위에 송송 썬 파를 올려 내는 것이 특징인데, 고추가루와 간장을 기호에 맞게 뿌려 한입에 먹어보자. 입안 가득한 행복감에 고개가 절로 끄덕여질 것이다. 납작만두와 함께 먹기 좋은 쫄면은 직접 만든 특제 소스를 사용해 매콤하고 쫄깃한 맛으로 인기가 좋다. 이 외에도 우동, 라면, 꾼만두, 왕만두 등 다양한 메뉴를 만날 수 있다. 미성당 납작만두는 생만두로도 구매할 수 있으며, 택배 주문하면 전국 각지로도 배송해준다. 50년이 넘는 세월 동안 대구 시민과 함께해온 곳인 만큼 현지인이 오랜 시간 사랑한 맛과 분위기를 꼭 한번 경험해보자.

Type 분식
Add 대구시 중구 명덕로 93 본점
Tel 053-255-0742
Opening Hours 10:30-21:00, 월 휴무

버드랜드

대구 지산동에 위치한 야키토리 전문점 버드랜드에서는 저녁 6시만 되면 사람들의 꼬치 주문 레이스가 시작된다. "사장님 그건 뭐예요?" "사장님 저희도 하나 주세요." 다찌 테이블에 둘러앉아 숯불 위에서 맛있게 구워지는 꼬치들을 바라보던 사람들의 주문이 끝없이 이어진다. 호텔 주방장 출신의 문기녕 대표는 일본 현지에서 우연히 야키토리_닭의 다양한 부위를 재료에 알맞게 양념한 다음 숯불에 잘 구워내 쫄깃하고 부드러운 식감의 꼬치구이_를 맛보고 그 맛에 푹 빠져 2018년 버드랜드를 오픈하기에 이르렀다. 도쿄 긴자에 위치한 미슐랭 원 스타 야키토리 전문점 '버드랜드'에서 차용한 상호명에는 일본 현지의 맛을 한국에서도 맛볼 수 있도록 최선을 다하겠다는 문 대표의 의지가 담겨 있다. 다리대파, 쯔쿠네, 날개만두가 이곳의 대표 인기 메뉴다. 다리대파는 닭 다릿살과 대파를 함께 즐기는 구이로, 곁에 바른 양념과 어우러져 고소한 맛이 특징이다. 쯔쿠네는 다양한 부위의 살코기를 다져 뭉친 완자 꼬치로, 한 입 베어 물면 담백한 육즙이 입안 가득 퍼져 하이볼과 곁들이기에 제격이다. 닭 날개 부위의 살을 조심스레 덜어내고 만두소를 채워 넣은 날개만두는 그야말로 별미다. 야키토리를 먹을 때 하이볼이 빠질 순 없을 터. 위스키 하이볼과 유즈 하이볼 두 종류를 판매한다. 숯불 위에 지글지글 구워져 나오는 야키토리와 상큼한 하이볼 한 잔이면 하루의 스트레스가 모두 풀릴 것 같다. '드러내지 않는 호화스러운 맛'을 지향하는 버드랜드는 오늘도 숯을 피우며 손님 맞을 준비가 한창이다.

Type 일식 ***Tel*** 053-784-1230
Add 대구시 수성구 용학로 154 ***Opening Hours*** 18:00-23:40(라스트 오더 23:10), 일 휴무

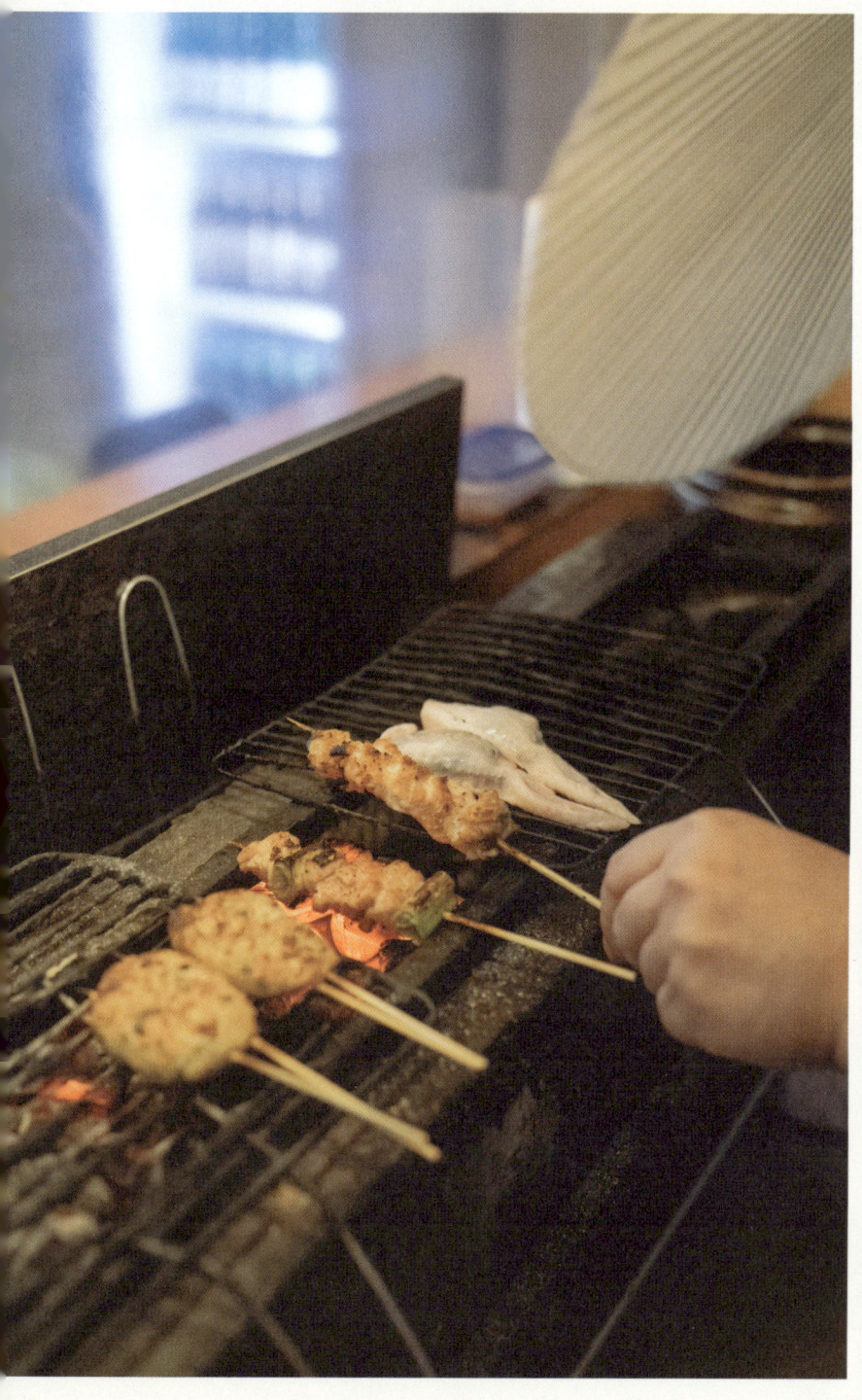

벙글벙글식당

대구의 향토 음식이자 10미 중 하나인 육개장. 과거에는 국물에 밥이 말아져 나오는 국밥이 인기였다. 하지만 국물에 밥을 말아 나올 경우 본연의 맛을 느끼기 어렵다는 단점을 보완하고자 밥과 국을 따로 내는 따로국밥이 생겨났다. 따로국밥에서 파생되어 변모해온 메뉴가 바로 육개장이다. 육개장은 대구 10미에 이름을 올리고 있으며, 그중에서도 벙글벙글식당이 육개장 대표 전문점으로 꼽힌다. 52년 전 김영화 대표가 대구 중심가에 문을 연 벙글벙글식당은 대구 시민들에게 큰 사랑을 받았다. 그 인기에 힘입어 아들 양영은 대표가 은행을 그만두고 1999년 현재의 범물동 가게 자리에 2호점을 오픈했다. 김영화 대표는 나이가 들어 홀로 가게 운영이 어려워지자 본점 운영을 접고 아들 가게에서 육개장을 직접 만들고 있다. 2호점으로 시작된 범물동 지점은 모자가 힘을 합치면서 이내 벙글벙글식당의 본점이 되었다. 이 집의 비결은 바로 밤새 푹 고아낸 한우 사골 육수에 있다. 여기에 파와 무에서 우러난 깔끔하고 개운한 맛까지 더해져 어릴 적 엄마가 만들어주던 추억의 육개장 맛을 선사한다. 음식부터 반찬까지 손수 만들고 있으며 이틀에 한 번 대구 매천시장에서 신선한 제철 농수산물을 한가득 사 와 사용하고 있다. 반찬은 깍두기와 쪽파김무침, 다진 마늘로 구성은 단출하지만 육개장과 곁들였을 때 가장 조화가 좋은 반찬이다. 기호에 맞게 다진 마늘을 첨가할 수 있으며, 선지를 따로 추가 주문해 곁들여도 좋다. 이곳에서는 육개장 외에도 비빔밥, 수육, 떡국 등을 식사 메뉴로 판매 중이다. 종종 삼덕동에 있는 벙글벙글식당이 본점이 아니냐는 오해를 받곤 하지만, 삼덕동 지점은 김영화 대표의 남동생이 누나에게 레시피를 배워 차린 분점이다. 똑같은 레시피라 해도 손맛은 같을 수 없기에 벙글벙글식당 본연의 육개장 맛이 궁금하다면 범물동 본점을 방문해보자.

Type 한식
Add 대구시 수성구 지범로39길 11-12
Tel 053-782-9571
Opening Hours 08:00-21:00, 일 휴무

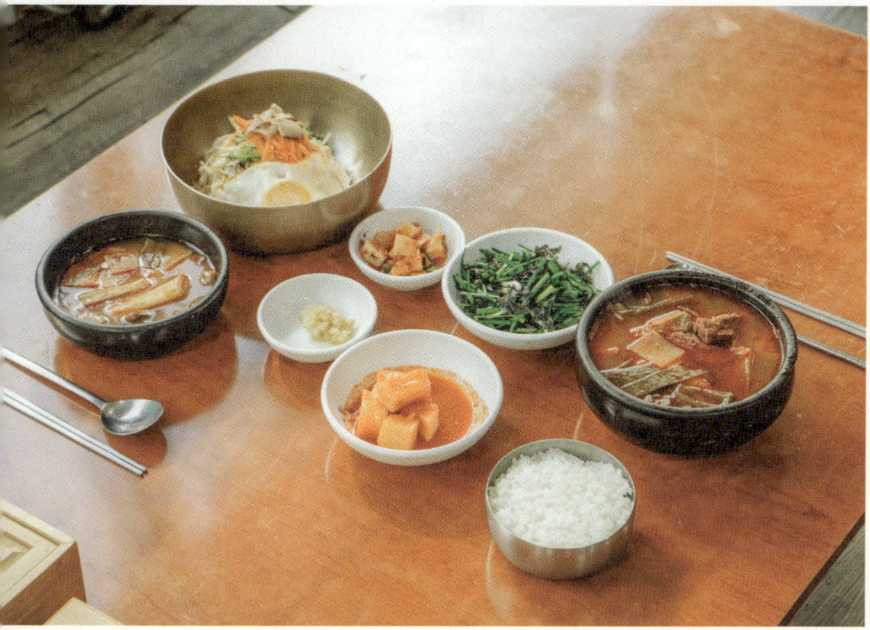

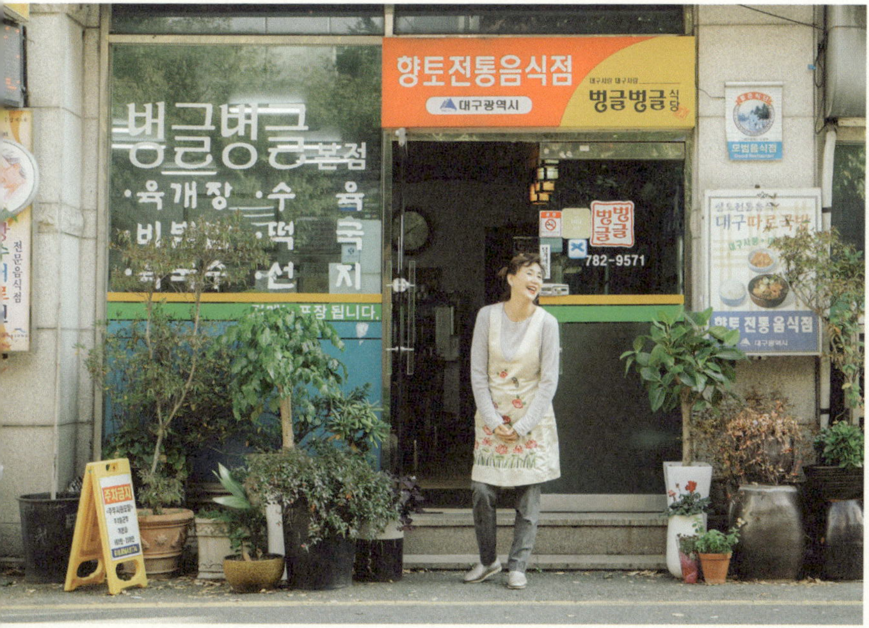
향토전통음식점
대구광역시
벙글벙글 식당
벙글벙글 본점
·육개장 ·수 육
·떡 국
·선 지
782-9571
모범음식점
향토 전통음식점
주차금지
전문음식점

버들식당

하늘을 가릴만큼 울창한 버드나무가 많은 두류공원, 그 근처에 버들식당이 있다. 1967년에 지은 버들식당 앞에도 버드나무가 있었다. 세월이 흐른 지금 버드나무는 베어졌지만, 버들식당은 여전히 굳건하게 자리를 지키고 있다. 유희옥 사장의 어머니인 박옥자 씨가 가게를 열 때만 해도 주된 손님은 주변 섬유 공장에서 일하던 남자 직원들이었다. 버들식당의 뜨끈한 국물과 시원한 소주 한 잔으로 하루의 고단함을 떨쳐내던 그들은 가족 생각에 음식을 비닐봉지에 담아가기도 했다. 전골이 끓기 전 갓 나온 음식을 봉지에 담고 자신들은 육수를 추가해 배를 채웠다. 지금은 상상하기도 어려운 광경이지만, 가족을 생각하던 그들의 애정이 고스란히 묻어나는 곳이 바로 버들식당이다. 가게를 물려받은 유희옥 사장은 초창기 때부터 만들어 내던 곱창전골, 대창전골에 더해 '환상의 맛'이라는 삼합전골을 개발했다. 곱창, 대창, 불고기를 넣고 얼큰하게 끓인 전골로, 다른 음식에 비해 값이 비싼 곱창·대창을 적당한 가격에 맛볼 수 있도록 구성한 것이다. 매일 아침 직접 고령에 있는 도축장에서 떼어 오는 곱창과 대창에 불고기를 추가했다. 불고기를 넣으면 곱창이 부드러워지는 효과가 있어 고심 끝에 개발한 메뉴. 광우병 파동이 일던 당시도 주변에서는 돼지고기로 메뉴를 변경해보라고 권유했지만, 그는 오롯이 곱창만 고집했다. 버들식당은 변함없이 찾아주는 손님들에 대한 감사와 예의, 그리고 정직한 마음과 자부심이 어우러져 오래도록 변치 않는 맛을 자랑하고 있다.

Type 한식
Add 대구시 달서구 두류공원로28길 8
Tel 053-656-1991
Opening Hours 12:00-22:00

Daegu

복주소막창

수성못 근처 한적한 골목에서 사람들의 정겨운 웃음소리와 고소한 막창 냄새가 대문 밖으로 흘러나온다. 대구 시내 고깃집에 정육을 납품하는 일을 하며 정육에 관해서는 누구보다 전문가이던 김성운 대표는 당시 거래처인 복주소막창 사장님의 권유로 1983년 가게를 인수했다. 그때만 해도 막창 부위가 구하기 어려운 매우 귀한 재료인 터라 납품받을 수 있는 유통망이 확보되어 있던 김대표는 안정적으로 사업을 시작할 수 있었다. 오늘날까지 약 40년간 오로지 손님들의 입소문만으로 대구 '막창'의 대명사로 자리 잡은 복주소막창은 지금은 아내 채순자 대표가 딸과 함께 이끌어가고 있다. 매일 새벽 막창을 직접 손질하는 것으로 이들의 하루 일과는 시작된다. 냉동 상태로 들여온 막창을 녹이고 기름을 제거하는 작업은 막창의 느끼함은 없애고 고소한 맛을 극대화하기 위한 필수 과정이다. 홀에서 주문이 들어오면 주방에서 먼저 초벌을 해 숯불 향을 입힌 다음 테이블의 석쇠 위에서 또 한번 구워낸다. 이 과정을 거쳐 막창은 더욱더 쫄깃하고 바삭한 식감을 지니게 된다. 이곳의 비법은 채순자 대표가 직접 만든 막장 소스다. 된장을 베이스로 한 특제 막장 소스는 막창의 고소하고 진한 풍미를 배가해준다. 사람들이 술 한잔 기울이며 직접 구워 먹을 수 있는 추억의 쫀드기를 내어주는 것이 이 집의 또 다른 매력이다. 소막창 외에 돼지막창, 소갈빗살도 인기 메뉴다.

Type	한식	*Tel*	053-422-5821
Add	대구시 중구 명륜로23길 93-1	*Opening Hours*	16:00-22:30, 일 휴무

봉산찜갈비

봉산찜갈비의 역사는 1970년대 초 참집을 운영하던 어머니에게서 시작됐다. 건설업이 호황이던 당시 노동자들은 배가 출출해지면 국수를 먹으러 참집을 찾았다. 하루 다섯 끼를 먹던 이들의 방앗간 같은 곳이었다. 국수 맛이 워낙 좋고 음식 솜씨가 뛰어난 터라, 노동자들은 최병열 사장의 어머니에게 고기 반찬을 만들어달라고 부탁했다. 그렇게 탄생한 메뉴가 찜갈비다. 몸을 쓰며 일하는 이들의 건강을 위해 마늘을 듬뿍 넣고, 대구의 더운 날씨를 고려해 고춧가루로 양념했다. 간장의 간도 세게 조절해 짭짤한 맛이었다. 찜갈비가 입소문을 타기 시작하면서 참집은 '봉산찜갈비'로 바뀌었다. 최병열 사장은 10년 전쯤 어머니께 가게를 물려받았다. 서울 패션 회사의 MD로 일하던 그로서는 화려하고 생동감 넘치는 삶을 포기하기가 결코 쉽지 않았다. 오죽하면 가게를 물려받은 2년 동안 주말에 대구로 내려와 주중에 서울로 올라가는 생활을 반복했을까. 그런 그를 대구에 정착하게 한 건 손님들의 이야기였다. 초창기 때부터 가게를 찾던 손님들이 자신의 부모님과의 추억을 이야기하고, 그들과 술 한잔 기울이며 겹겹의 시간을 마주하다 보니 가게에 대한 애정과 책임감이 생겼다. 어떤 손님은 아버지가 돌아가신 뒤 가게를 찾아와, 졸업식 때마다 아버지와 함께 왔다는 이야기를 전하며 펑펑 울기도 했다. 따뜻했던 추억을 떠올리는 손님의 모습을 보며 식당이 단순히 음식을 파는 곳만은 아니라는 사실을 깨달았다. 그는 이제 책임감을 넘어 사명감으로 가게를 운영하고 있다. 노포들이 사라져가는 현실에 안타까움을 느낀 그는 다짐한다. 봉산찜갈비를 오랫동안 지켜야겠다고. 이렇듯 한 식당의 역사는 누군가의 책임, 누군가의 마음이 모여 완성된다.

Type 한식
Add 대구시 중구 동덕로36길 9-18

Tel 053-425-4203
Opening Hours 10:00-21:30

사야까

대구에는 임진왜란 당시 우리나라를 침입하러 온 왜적이자 최초의 귀화인 사야까 장수의 사당과 그 후손이 일군 촌락이 조성돼 있다. 조선 땅을 밟은 사야까 장수는 임진왜란을 대의명분 없는 전쟁이라 생각하고 조선 땅에 귀화해 한국과 일본의 가교 역할을 한 인물이다. 사야까를 운영하는 대표는 오사카에서 무역업을 하며 매일 바닷가 앞 작은 덮밥집에서 가츠동을 먹었다. 우리나라의 된장찌개나 김치찌개와 같은 가츠동이 그에겐 향수 짙은 집밥 같은 존재였고, 그는 대구에서 처음 가츠동을 전문으로 하는 일식집을 열었다. 모두에게 생소한 가츠동을 알리기 위한 그의 노력은 음식점 사야까를 향한 진실된 태도와 반 발짝 앞서 2~3년을 주기로 개발한 신메뉴들이 맛있다고 소문이 나면서 빛을 발하기 시작했다. 대표 메뉴인 가츠동은 총 4종류로 가츠동에서 시작해 김치가츠동, 등심모짜렐라치즈가츠동, 안심체다치즈가츠동 중에서 취향대로 골라 먹을 수 있다. 특히 안심체다치즈가츠동은 부드러운 부위인 안심과 체다치즈가 만나 부드러운 맛이 극대화됐다. 사야까의 대표 메뉴 중 하나인 차슈라멘 역시 육수, 면, 토핑, 요리 과정 등 3년에 걸친 고민과 노력 끝에 탄생한 메뉴다. 여느 차슈라멘과 달리 돼지고기를 따로 제단하지 않고 한 짝을 말아 삶은 뒤 숙성시키는 과정을 거쳐야 우주에서 가장 큰 차슈를 얹은 차슈라멘이 완성된다. 매일 직접 새벽에 재료를 수급해 사야까만의 가치를 만들어 파는 곳. 그는 대구에서 음식으로 사야까 장수와 같은 일을 하는 셈이다.

Type 일식
Add 대구시 중구 중앙대로 406-17
Tel 053-427-0141
Opening Hours 11:00-21:30

산정논메기매운탕

대구 달성군 다사읍에는 대구 10미 중 하나인 논메기매운탕 먹거리촌이 있다. 민물에서 자라는 논메기는 다른 생선에 비해 비리지 않아 누구나 부담 없이 찾는 생선 중 하나다. 그중에서도 산정논메기매운탕은 대구 음식 박람회에서 대상을 수상해 입소문이 자자하다. '산 밑에 정이 넘치는 식당'이라고 하여 이름 붙은 산정논메기매운탕은 마천산의 정기를 받고 하산하는 이들의 집합소다. 얼큰하고 시원한 국물에 창밖으로 펼쳐지는 탁 트인 하늘과 사방을 둘러싼 산이 있으니 눈과 입이 모두 즐거워진다. 산정논메기매운탕은 메기를 손질하는 방법도 특별하다. 팔딱거리고 미끄러운 메기는 손질하기 어려워 보통 전기 충격기를 이용해 기절시키곤 하는데, 임영숙 사장은 하나하나 손수 손질한다. 전기 충격기를 이용할 경우 감전으로 인해 메기의 몸속 피가 엉켜 매운탕을 끓였을 때 텁텁할 수 있기 때문이다. 끓이는 과정에서 생기는 거품이나 부유물은 모두 건어내 시원하고 칼칼한 맛을 더한다. 메기불고기는 산에서 내려온 손님들의 안줏거리로 개발한 메뉴다. 마찬가지로 직접 손질 해 포를 뜨고, 특제 소스로 메기를 버무린다. 채소는 밭에서 직접 재배해 사용한다. 매운탕에 들어가는 마늘뿐 아니라 밑반찬으로 제공하는 마늘장아찌는 알이 크고 단단해 아삭한 맛이 일품이다. 임영숙 사장은 장사의 인심은 밥이라며 누구에게라도 정성이 가득 담긴 밥을 내어주고 싶다고 말한다. 그의 따뜻한 인심과 손님들의 즐거운 대화로 산정논메기매운탕은 말 그대로 '산 밑에 정이 넘치는' 곳이 되었다.

Type 한식
Add 대구시 달성군 다사읍 달구벌대로109길 142-13
Tel 053-582-2559
Opening Hours 09:00-21:00

서영홍합밥

계산성당과 약령시장 사이 작은 골목 안에 서영홍합밥이 들어선 건 20년 전의 일이다. 누군가 오래 매만지고 가꾼 태가 나는 그곳은 식당보다 집에 가까운 모습이다. 김성남 대표는 매일 홍합밥과 들깨배추시래기된장국 그리고 모든 반찬을 정성 들여 만드는데, 그 열띤 고집과 애정은 부모로부터 이어받았다. 한국전쟁 당시 조부모, 부모와 함께 3대가 피란 와 대구에 정착해 생계를 꾸려나갔다. 홍합밥은 김성남 대표가 어린 시절 어머니가 집에서 별미로 만들어주던 음식이다. 홍합밥이 맛있는 건 어머니의 조리법과 정성을 그대로 고수해 만들어 손님상에 내기 때문이다. 매일 새벽 싱싱한 홍합 껍데기를 일일이 분리해 준비해두고, 주문이 들어오면 각종 재료로 우려낸 진한 육수에 홍합과 버섯을 넣어 바로 압력솥에 밥을 안친다. 별도의 고추 양념장과 함께 쓱쓱 비벼 먹으면 되는데, 고추 양념장은 서영홍합밥만의, 김성남 가족만의 특제 소스다. 고슬고슬하고 고소한 홍합밥과 함께 담백한 녹두전은 이곳의 두 번째 대표 메뉴. 100% 녹두콩만을 직접 불리고 간 뒤 넉넉한 기름에 구워 겉은 바삭하고 속은 부드러운 평안도의 맛이다. 작은 기와집으로 향하는 길목에서부터 식사를 마치고 대문을 나설 때까지 따스한 기운이 오래 머문다.

Type 한식
Add 대구시 중구 약령길 33-8
Tel 053-253-1199
Opening Hours 10:30-21:00, 일 휴무

에덴김밥

1986년 서문시장의 작은 노점으로 시작해 점차 자리를 넓혀 이제는 서문시장의 터줏대감이 된 에덴김밥. 독실한 크리스천이던 전신혜 사장의 시어머니는 성경에 나오는 '기쁨'이라는 뜻을 담아 가게 이름을 '에덴김밥'이라고 지었다. 가게를 운영하던 시어머니가 갑자기 돌아가시자, 그날 이후 전신혜 사장은 바로 김밥을 말기 시작했다. 가게를 이어받은 2002년부터 그는 시어머니의 손맛을 그대로 유지하기 위해 매일 새벽 가게로 향했다. 농장에서 그날그날 들어오는 달걀로 지단을 부치고, 부산에서 받아 오는 어묵을 썰어 직접 만든 양념에 볶는다. 서문시장에서 산 나물은 깨끗이 다듬어 데치고 무친다. 이렇게 손수 준비한 재료로 에덴 김밥을 완성한다. 직접 담근 김치를 김밥 옆에 함께 담아주는 것도 이곳의 전통이다. 일련의 과정에서 에덴김밥만의 비법이 있다면 깨소금이다. 고기를 볶고 깨소금을 갈아 섞은 다음 밥 위에 듬뿍 뿌린다. 고소하고 깊은 풍미를 잊지 못하고 20년 만에 찾아온 노인들이 예전 맛 그대로라며 감탄을 금치 못한다. 누구보다 아침을 일찍 여는 전신혜 사장은 김밥을 맛있게 먹는 손님들을 보며 지금껏 힘든 줄도 모른 채 살아왔다고 말한다. 에덴김밥에는 그 꾸준한 일생이 담긴 김밥의 맛이 담겨 있다.

Type 분식
Add 대구시 중구 큰장로26길 6 서문시장 5지구 3호

Tel 053-256-6188
Opening Hours 05:00~19:00, 일 휴무

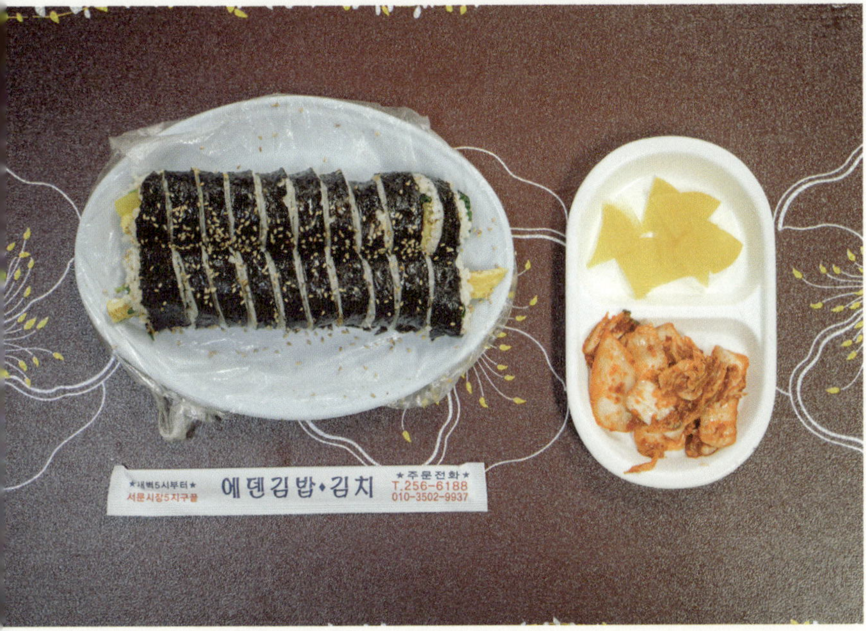
★새벽5시부터★
서문시장5지구끝
에덴김밥•김치
★주문전화★
T.256-6188
010-3502-9937

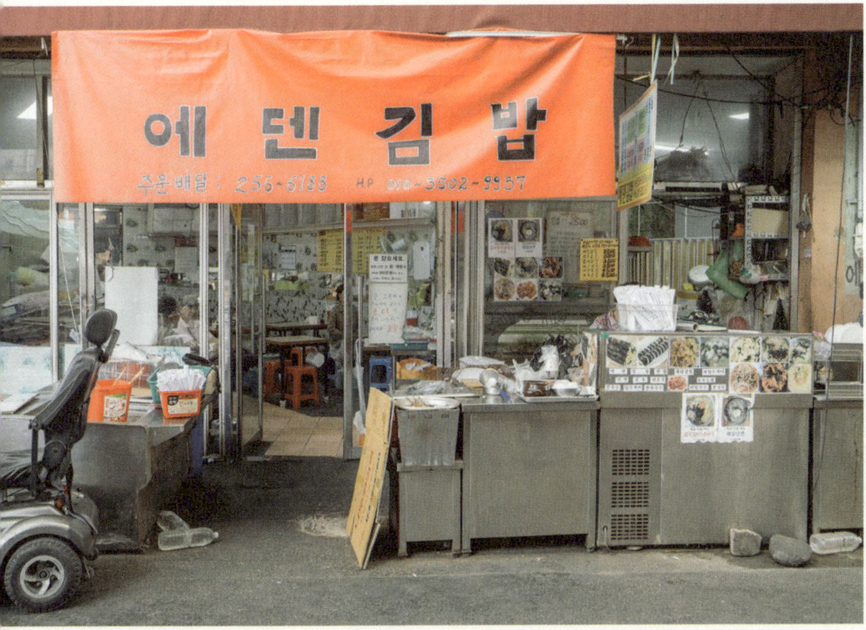
에덴김밥
주문배달 : 256-6188 HP 010-3502-9957

영래칼국수

어릴 적 시골집 대청마루에 앉아 할머니가 내어 주신 뜨거운 국수 한 그릇을 먹던 기억, 이영규 사장이 기억하는 국수란 그런 것이었다. 할머니가 밀가루 반죽을 홍두깨로 얇게 민 뒤 한 겹 두 겹 말아 칼로 가지런히 썰면, 아버지는 옆에서 멸치 내장을 제거하셨다. 이후 진하게 우러난 멸치 국물에 면을 넣고 한소끔 끓인 뒤 잘게 썬 애호박 고명을 얹어 내온 국수를 온 가족이 둘러앉아 먹었다. 그에게는 밥처럼 자주 먹는 가정식이었다. 그러니 국수는 잊을 수 없는 어릴 적 향수 혹은 그 시절 삶의 정서인 것이다. 50년의 역사를 지닌 영래칼국수는 이영규 사장의 어머니에게서 시작해, 지금은 이영규 사장이 물려받아 운영하고 있다. 영래는 동네 사람들이 어머니를 부르는 애칭이었다. 안동 국시처럼 얇은 면발과 강원도에서 수급하는 땅콩 가루를 빻아 고명을 얹는 것은 어머니 때부터 내려오는 비법이다. 씁쓸한 맛을 없애기 위해 멸치 내장은 일일이 제거해 육수를 만들고, 배추와 애호박, 양파도 서문시장에서 직접 구입해 사용한다. 겉보기에는 특별할 것 없는 소박한 국수지만, 그는 이 한 그릇에 마음을 담고 친절을 담는다. 대구 10미 중 하나인 누른국수를 맛보고 싶다면 영래칼국수로 가보자. 그의 어릴 적 향수와 정성스러운 손맛이 담긴 누른국수를 맛볼 수 있을 것이다.

Type 한식
Add 대구시 달서구 대명천로 58
Tel 053-653-7933
Opening Hours 11:00-19:30, 일 휴무

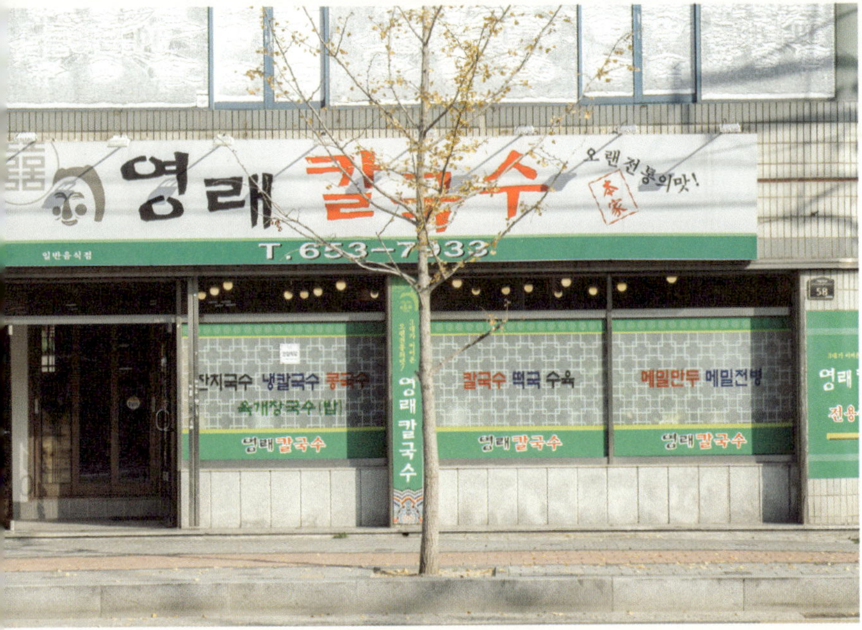

영래 칼국수
오랜전통의맛!
本家
일반음식점
냉칼국수
육개장국수(밥)
칼국수 떡국 수육
메밀만두 메밀전병
영래칼국수
영래 칼국수
영래칼국수
영래칼국수
58

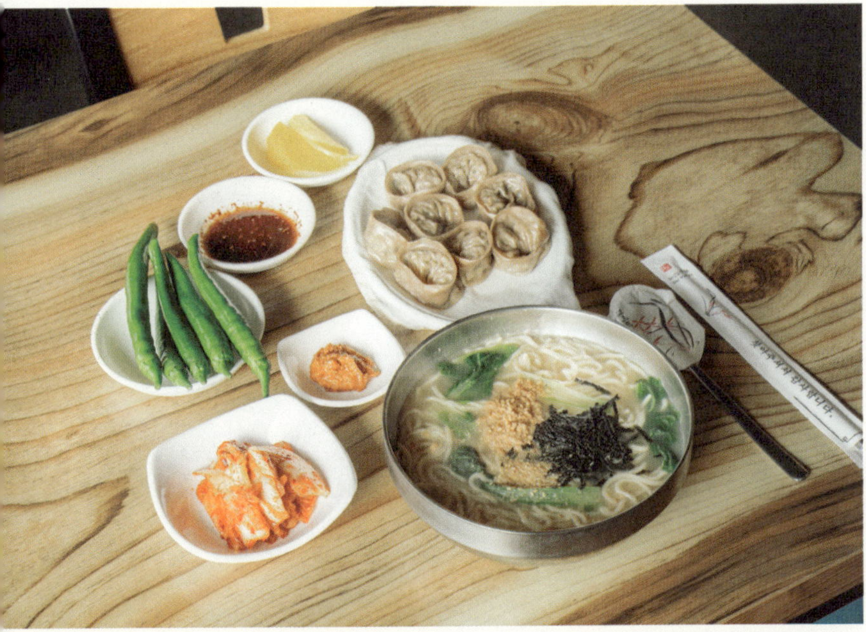

오동나무

경상북도 하양에서 태어나 대구에서 학교를 다니던 박영화 사장은 고등학생 시절 평화시장의 닭똥집 거리를 즐겨 찾았다. 친오빠가 닭똥집 가게를 운영하는 평화시장의 닭똥집 거리는 그에게 일종의 놀이터였다. 북적이는 사람들, 고소한 닭똥집 냄새가 평화시장을 가득 메웠다. 그러던 중 늘 봐오던 닭똥집을 썰고 튀기는 모습이 유독 재미있어 보이기 시작했고, 그도 오빠를 따라 닭똥집 가게를 운영하기로 결심했다. 그렇게 1997년 오동나무를 인수하게 되었다. 오동나무는 1994년에 처음 가게를 세워 운영하던 주인이 지은 이름이다. 가게 리모델링 과정에서 오동나무가 훼손돼 지금은 볼 수 없지만, 여름이 되면 보랏빛 꽃이 맺혀 향기가 솔솔 나고 가게 앞에 그늘이 지곤 했다. 오동나무 그늘 아래의 가게를 찾은 손님들은 주로 젊은 학생들이었다. 오죽하면 어른들은 가게에 들어오는 걸 미안해할 정도였다고. 그때 학생이던 손님들이 세월이 지나 결혼을 하고 아기를 낳아 온 가족이 찾아주고 있다. 대표 메뉴는 단연 닭똥집이다. 알맞은 시간 동안 튀겨 바삭한 튀김똥집, 매콤한 소스의 양념똥집은 시간이 지나도 한결같은 맛을 유지하고 있다. 세월이 흐른 뒤 음식 문화 트렌드를 반영해 개발한 것이 달달하고 짭짤한 소스로 맛을 낸 간장똥집이다. 한창 닭똥집이 한창 인기이던 시절에 여러 사람이 이 거리에 모여 닭똥집을 먹고 있는 풍경이 꼭 별천지처럼 보였다는 박영화 사장. 그의 젊은 날 꿈이 모여 오동나무는 누군가의 추억이 되고, 삶이 되어가고 있다.

Type 한식
Add 대구시 동구 아양로 53-2

Tel 053-954-6800
Opening Hours 12:00-23:00

왕거미식당

좁은 골목을 따라 조금만 들어가면 멀지 않은 곳에 파란색 기와 지붕을 인 식당이 보인다. 세월의 흔적이 묻어나는 이곳은 노포 왕거미식당이다. 여승재 사장은 추울 때에도, 더울 때에도 가게 외부 한편에 자리한 작은 연탄불 앞에서 고기를 굽는다. 그의 아버지는 베트남 참전 이후 자본금도, 할 줄 아는 것도 없는 이였다. 그러다 1976년 우연히 지인을 통해 도축장에서 생고기를 구하게 되어 조금씩 떼어다 팔기 시작했다. 거미줄을 쳐놓으면 손님이 걸릴 거라는 생각에 상호명을 '왕거미식당'으로 지었다. 5년 전, 아버지가 연로하셔서 가게 문을 닫을 위기에 처하자 10년 동안 대기업 통신사의 엔지니어로 일하던 여승재 사장은 가게를 물려받기로 결심한다. 아버지의 일생이 담긴 식당이 사라지는 것을, 그리고 속상해하는 아버지의 모습을 보기 힘들기 때문이다. 그는 다른 건 몰라도 요리 방식만큼은 전통 그대로 유지하고자 한다. 지금은 대구 10미에 속하는 뭉티기지만, 이것과 오드래기는 특수 부위라 딱히 조리법이랄 게 없었다. 그래서 여승재 사장의 아버지와 어머니가 연구 끝에 양념을 직접 개발하고, 연탄에 굽는 방식을 택해 손님들에게 제공하게 되었다. 혓바닥 부위 또한 단골손님이 오랫동안 찾아주는 메뉴다. 매일 브레이크타임이 되면 조카들과 아버지 어머니, 그리고 여승재 사장은 테이블에 나란히 앉아 생고기를 손질한다. 3대가 한자리에 모여 이곳의 역사를 이어가고, 맛을 지키고 있다. 하루에 단 6시간만 문을 여는 이곳에서 대구 10미인 뭉티기의 참맛을 느껴보자.

Type 한식
Add 대구시 중구 국채보상로 696-8
Tel 053-427-6380
Opening Hours 16:00-22:00, 일 휴무

Daegu

유창반점

수년 동안 인쇄업에 종사하던 정성룡 대표는 장인어른이 40년간 운영해온 유창반점을 물려받았다. 연로한 장인어른이 항상 말씀하시던 "올해만 더, 올해만 더"의 진짜 끝자락이 보이자 내린 결정이었다. 장인어른께 레시피를 전수받으며 여러 번 갈등도 겪었다. 게다가 아무리 노력해도 장인어른의 음식과는 맛에서 미세한 차이가 났다. 그러던 어느 날 잠에서 깨 그는 생각했다. 이제부터 유창반점의 손님을 '나의 손님'이라고 생각하고 음식을 만들자고. 장인어른의 조리 방식을 그대로 이어가되 자신만의 맛도 살리는 방법을 택한 것이다. 중화비빔밥은 특별한 음식이 아니라 짬뽕에 국물이 없는 거나 마찬가지라고 말하던 정성룡 대표지만, 그 투박한 말 뒤에 담긴 음식에 대한 자부심은 숨길 수 없었다. 자극적일 정도로 강렬한 매운맛과 은은하게 풍기는 불 향, 푸짐한 해물 위에 올린 반숙 달걀 프라이는 매운맛을 중화시켜 숟가락질을 멈출 수 없게 만든다. 그는 중화비빔밥의 시초라고 볼 수 있는, 50년 가까운 역사를 간직한 유창반점을 이어받아 자신만의 노하우로 가게 규모를 넓혀갔다. 고객층이 마니아에서 대중으로 확장된 것이다. 정성룡 대표는 장인어른의 손길을 따라 자신만의 맛으로 유창반점을 이끌고 있다.

Type 중식
Add 대구시 중구 명륜로 20
Tel 053-254-7297
Opening Hours 11:00-20:00

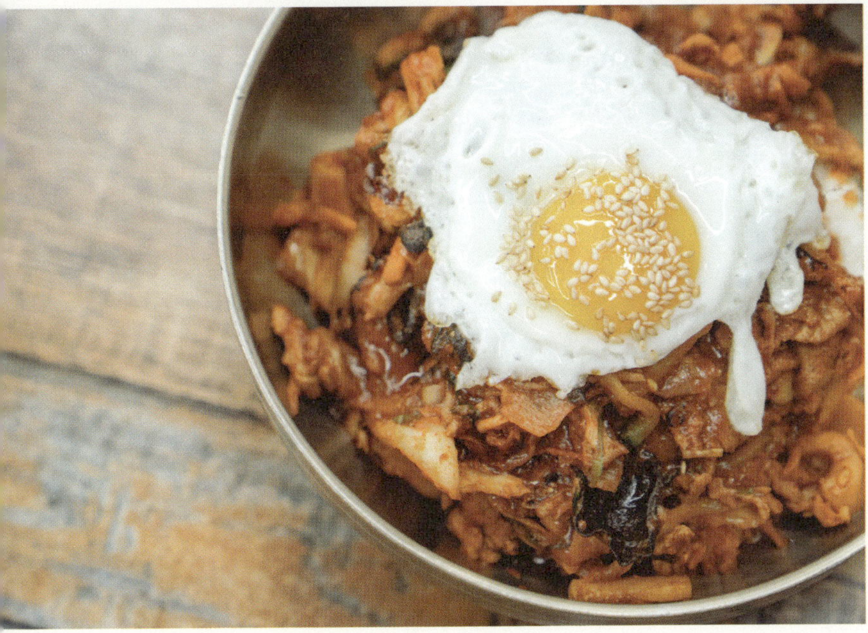

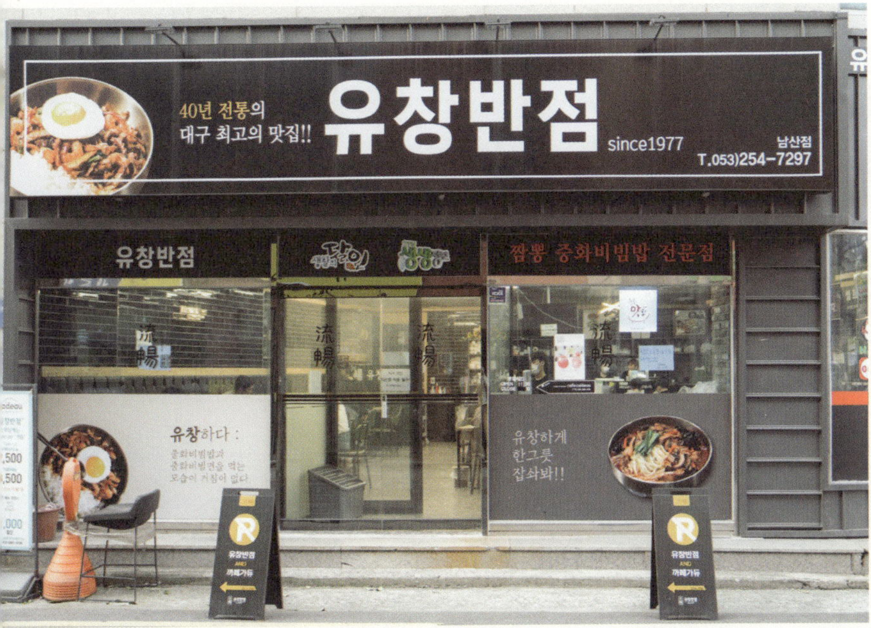
40년 전통의
대구 최고의 맛집!!
유창반점
since1977
남산점
T.053)254-7297
유창반점
짬뽕 중화비빔밥 전문점
流暢
유창하다 :
유창하게
한그릇
잡솨봐!!

윤옥연할매떡볶이

쫄깃한 떡과 매콤 달콤한 고추장 양념, 송송 썬 파와 얇은 오뎅에 푹 삶은 달걀을 반 갈라 먹는 게 우리가 아는 바로 그 떡볶이다. 대구에는 이와 조금 다른, 후추 맛이 강렬해 매운맛을 자랑하는 떡볶이집이 있다. 1974년 신천시장에서 '신천 할매 떡볶이'로 시작한 지금의 '윤옥연할매떡볶이'다. 양배추와 밀떡만 들어간 가장 기본적인 구성에 설탕은 넣지 않고 후추를 듬뿍 뿌린다. 좀 더 강렬한 매운맛을 즐기고 싶다면 따로 준비된 양념을 더 넣어 먹을 수 있다. 국물이 들어간 떡볶이라 숟가락이 함께 나오지만, 적잖이 매운맛에 한가득 떠먹기란 쉽지 않다. 그 맛을 중화해주는 것이 바로 오뎅튀김과 만두튀김이다. 떡볶이와 오뎅, 만두는 모두 1,000원이라 이 세 가지 메뉴를 주문하는 손님들은 '천천천'이라고 외치기도 한다. 2대째 가게를 운영하고 있는 변인자 사장은 가격을 한 번도 올리지 않았다. 시어머니인 윤옥연 씨가 처음 시작하던 그때의 맛과 가격을 동일하게 유지하는 것이 그의 뜻이다. 윤옥연할매떡볶이를 처음 먹는 이들은 익숙하지 않는 첫맛에 고개를 갸우뚱하기도 하지만 머지않아 다시 이곳을 찾곤 한다. '마약떡볶이'라고 불리는 것도 그런 이유에서다. 약 50년의 세월 동안 변함없는 매운맛을 선보이고 있다.

Type 분식
Add 대구시 수성구 들안로77길 11
Tel 053-756-7597
Opening Hours 10:00-21:00, 월 휴무

Daegu

조조칼국수

'아침 조'에 '조개의 머리글자인 조'를 따서 지은 조조칼국수는 동죽칼국수, 물총(동죽조개탕), 낙지해물파전 세 가지 메뉴로 2017년에 시작해 꾸준한 사랑을 받고 있다. 조조칼국수의 내공은 상당하다. 수많은 요식업 브랜드를 운영한 경험을 바탕으로 조조칼국수를 시작한 김승현 대표는 오래 운영할 수 있는 식당, 프랜차이즈화했을 때 좀 더 차별화된 음식을 내는 식당을 고민한 끝에 조조칼국수를 열었다. 앞산본점을 시작으로 현재 범어점, 죽전직영점, 월성점 총 4곳을 운영하고 있다. 해물칼국수처럼 해산물을 사용해 신선함이 생명인 음식은 프랜차이즈화하기 쉽지 않은데, 조조칼국수는 철저한 운영 방식과 손님을 향한 진심 어린 태도로 이러한 어려움을 극복해 매일 성업 중이다. 동죽칼국수는 일반 조개가 아닌 해감이 어려운 동죽을 재료로 사용하기에 완벽하게 해감할 수 있는 기술까지 자체 개발했다. 동죽칼국수의 맛을 결정하는 진한 육수 역시 레시피를 직접 연구해 만든 것이다. 시원하면서도 깊은 맛이 일품인 국물은 하루에 오전과 오후 두 번 만들며, 각종 조개 8~9가지와 채소를 20시간 우려낸 조개 채소 육수다. 낙지해물파전 또한 해산물과 채소를 듬뿍 넣어 만든다. 낙지는 시중에서 가장 품질 좋은 중국의 활낙지를 사용하는데, 낙지해물파전을 한 입 가득 베어 물면 재료를 아끼지 않는 이들의 마음이 느껴진다.

Type 한식
Add 대구시 남구 현충로15길 13-1
Tel 053-242-5343
Opening Hours 11:00-22:30

중화반점

야끼우동이 처음 시작된 대구 중화반점은 1954년 동아백화점 건너편에 중화원이라는 이름으로 고 장유청 대표가 문을 열었다. 현재는 아들 장여림 대표가 오랜 역사와 깊은 맛을 이어가고 있다. 장유청 대표는 화교 출신으로 경상도 사람의 입맛에 맞춰 마늘과 고춧가루로 매운맛을 더해 야끼우동을 개발한 인물이다. 대구에서 처음 탄생한 메뉴인 만큼 대구 10미로 선정된 야끼우동은 오늘날 그 맛을 모사하는 식당이 늘어났지만 원조의 맛을 따라잡기는 쉽지 않다. 다채롭고 풍성한 맛의 중화반점 야끼우동은 오랜 시간 우려낸 돼지 사골 국물에 돼지고기, 새우, 오징어, 양파, 배추, 당근, 호박, 부추, 마늘, 숙주 등 11가지 이상의 재료가 푸짐하게 들어간다. 설탕 없이도 채소에서 우러난 단맛이 맛의 균형을 잡아주며, 매콤한 고춧가루 양념과 뜨거운 불 위에서 빠르게 볶아낸 불 향이 더해져 감칠맛이 배가된다. 우동 면은 주문이 들어오면 그때그때 바로 제면하기 때문에 음식을 받기까지 기다림의 시간을 견뎌야 한다. 넓은 그릇에 가득 담겨 나오는 야끼우동의 굵은 면발을 젓가락으로 감아 후루룩 한 입 먹으면 매콤한 양념과 채소의 달큰한 맛이 입안에 착 감긴다. 중화반점은 탕수육도 인기가 좋다. 오랜 시간 변함없이 좋은 부위의 돼지고기를 사용한 튀김과 100% 전분만 사용해 만든 하얀 소스가 조화롭다. 아버지의 음식 철학을 이어받아 앞으로도 신선하고 좋은 재료를 아끼지 않을 것이라는 장여림 대표의 진심은 음식에 고스란히 담겨 있다.

Type 중식
Add 대구시 중구 중앙대로 406-12
Tel 053-425-6839
Opening Hours 11:30-21:00
(브레이크타임 평일 16:00-17:30, 주말 15:30-16:30)

평화떡공방카페

봉덕시장 안에 문을 열어 시장 바깥의 대로변으로 자리를 옮긴 평화떡공방은 시어머니가 시작해 며느리 최임숙 대표가 25년째 이어가고 있는 지역 내 전통 떡집이다. 최 대표의 가족이 함께 꾸려가고 있는 이곳은 새벽 4시 반에 가게에 나와 다 같이 떡을 빚는 일과로 하루를 연다. 대구 꿀떡의 원조로 알려진 평화떡공방은 시어머님이 운영할 때부터 경북 지역에서 유명했다. 우리가 익히 알던 꿀떡이 아닌 달콤한 흑설탕 물에 하얀 찹쌀떡을 풍덩 빠뜨린 꿀떡으로 사람들의 입맛을 사로잡은 것이다. 옥수수수염을 우린 물에 찹쌀을 불린 뒤 직접 치대어 만드는 반죽 레시피부터 남다르다. 그렇게 만든 찹쌀떡을 배와 비법 가루를 섞어 만든 당물에 흑설탕과 버무리면 평화떡공방에서만 맛볼 수 있는 꿀떡이 완성된다. 국내산 100% 찹쌀만을 사용해 만든 찹쌀떡을 흑설탕 물에 푹 찍어 입안에 넣으면 쫄깃한 식감과 달짝지근한 맛에 혀가 사르르 녹는다. "한 번도 안 먹은 사람은 있어도 한 번만 먹은 사람은 없다"는 말은 아마 이곳을 두고 하는 말이 아닐까. 15알에 3,000원이라는 착한 가격에 또 한 번 놀랄 수밖에. 전국 각지에서 택배 구매도 가능하며, 최근에는 더현대닷컴에 입점되어 날로 유명해지고 있다. 꿀떡 외에도 영양떡과 앙꼬절편, 쑥모찌, 감자떡, 시루떡 등 다양한 떡을 판매하며 계절에 따라 제철 재료를 활용한 떡 메뉴를 다채롭게 선보이고 있다. 주재료인 쌀과 찹쌀은 일주일에 한 번, 곡물은 20년 넘도록 거래하는 상회에서 들여온 건강한 재료만 사용한다. 그렇게 만든 떡은 보통 저녁 6시면 모두 판매된다. 정직과 진실성, 이 두 가지가 최고의 가치라 말하는 최 대표는 오늘도 나긋하고 상냥한 목소리로 떡 주문을 받느라 바쁜 하루를 보낸다.

Type 한식
Add 대구시 남구 봉덕로 119
Tel 053-473-8575
Opening Hours 08:00-18:00(토요일 17시 마감), 일 휴무

Daegu

푸른회식당

대구를 상징하는 10미 중 하나가 오징어무침회인 만큼 대구 내당동 달구벌대로에는 오징어무침회 골목이 조성되어 있다. 오래전 이 골목 주변은 너른 들판이었고, 농부들이 새참이나 일을 마치고 간단한 술안주로 당시 '얼큰이할매집'에서 파는 오징어무침회를 먹기 시작한 데에서 유래한다. 경북 지역에서 유통하는 냉동 오징어에 갖가지 채소를 넣어 매콤하게 무쳐 낸 것이다. 푸른회식당은 1987년에 시작해 오징어무침회의 맛을 이끄는 식당 중 하나로 자리매김한 지 오래다. 과거 주택 모습을 유지해오다 2018년에 대대적인 공사를 거쳐 지금의 현대적 건물로 변모했으며, 포장과 택배 시스템까지 갖춘 위생적인 식당이다. 식당 뒤편에는 제조업체 '푸른푸드팩토리'를 설립, 해썹HACCP 인증을 받아 오징어 생산까지 도맡아 하는 등 탄탄한 브랜드력을 갖추며 발전해가고 있다. 처음 시작할 당시에는 오징어무침회·가오리무침회·아나고무침회로만 메뉴를 구성했으며, 중간에 가오리찜·아구찜·수육·납작만두를 추가하고 아나고무침회를 미주구리무침회로 교체했다. 메뉴 특성상 먹다 보면 물이 생기기 쉬운데 푸른회식당의 오징어무침회는 물이 생기지 않아 매콤 새콤달콤하면서도 짭쪼름한 맛이 깔끔하게 유지된다. 1년 365일 하루도 빠지지 않고 새벽마다 싱싱한 재료를 구하기 위해 장을 보고, 직접 짠 기름을 사용해 감칠맛이 풍부한 푸른회식당의 오징어무침회. 그 맛이 이제는 대구를 넘어 경기, 서울까지 전파되고 있는 듯하다.

Type 한식
Add 대구시 서구 달구벌대로375길 14-1
Tel 053-552-5040
Opening Hours 11:00-22:00, 매월 첫째 주 일 휴무

풍국면

국내에서 가장 오래된 국수 전문 기업으로 알려진 풍국면의 전신은 1933년 대구 대신동에서 창업자 신재순 선생의 아호를 딴 '환길제면'이다. 풍국면은 국수 전문 기업 답게 다양한 면 메뉴를 판매하는 국수 전문 식당으로 자리 잡아 현재 대구에만 20개 지점이 운영 중이다. 국수가 흔하지 않던 시절 대구에 문을 열었고, 국수로 세상을 풍요롭게 만들겠다는 마음으로 이름을 '풍국면'이라 지어 일제강점기와 한국전쟁 등 우리나라의 모진 풍파와 역사 속에서 서민들의 일용할 양식으로서 굳건히 자리를 지켜온 것이다. 풍국면은 국내 최초로 기계화된 제면법을 도입해 납작한 면에 칼국수라는 이름을 처음 붙여 사용했다. 5시간 뭉근하게 우린 육수를 사용하는데, 국수가 가장 맛있고 먹기 좋은 온도인 40℃를 유지해 상에 올린다. 제면 전문 브랜드인 만큼 풍국면의 국수는 색소나 첨가물을 일절 넣지 않고, 그대신 진공 반죽 숙성으로 부드럽고 쫄깃한 식감을 살린다. 국수 메뉴는 해물칼국수, 열무비빔국수, 강릉짬뽕칼국수, 서리태콩국수 등 다채로우며, 이 밖에 계된장비빔밥, 꼬막해초비빔밥, 바지락미역국 등의 식사 메뉴도 갖추고 있다. 어떤 메뉴든 매일 아침 직접 버무려 준비하는 풍국김치의 알싸한 감칠맛과 함께 든든하고 따뜻한 한 끼 식사가 된다.

Type 한식
Add 대구시 수성구 무학로 93

Tel 053-764-3456
Opening Hours 11:00-21:30
(브레이크타임 15:00-17:30)

goeul

해금강

대구의 10미 중 하나가 바로 복불고기다. 복어를 불고기와 같은 방식으로 만든 것인데, 복어를 빨간 양념으로 조리해 매콤하면서도 달짝지근하게 먹는 대구만의 특색 있는 음식이다. 해금강은 대구에서 복어의 새로운 맛과 면모를 선보이는 대표적 지역 복어 맛집으로 꼽힌다. 박명선 대표는 40년 이상 해금강을 운영하며 복어의 다양한 맛과 매력을 보여주고 있다. 제주산 갈치로 만든 '갈치 식해'를 통해 음식 명인으로 인정받은 박명선 대표의 요리 솜씨가 복어와 만난 것이다. 그는 속풀이용 복엇국만 알려지던 시절부터 복어의 뛰어난 맛과 풍부한 영양가를 사람들이 잘 모르는 데에 아쉬움을 느껴 연구 끝에 복어를 한정식 요리처럼 조금씩 고루 맛볼 수 있도록 코스 형태로 메뉴를 구성했다. 그중 대표 메뉴는 단연 밀복코스와 복불고기세트다. 밀복은 복어의 종류 중 고급 복어에 속해 복껍질무침·복튀김·밀복샤브전골로 구성한다. 복껍질무침은 새콤달콤한 소스에 복 껍질, 오이, 양파, 미나리 등의 채소를 함께 무쳐 낸다. 특히 샤브전골은 맑은 국물에 복어, 미나리, 부추 등을 함께 데쳐 깊고 고소한 맛이 배가된다. 복불고기세트는 고추냉이를 푼 간장에 찍어 먹는데, 다 먹은 뒤 밥과 함께 볶아 복불고기볶음밥으로 식사를 마무리할 수 있다. 복어의 다양한 매력을 느낄 수 있는 해금강은 복어 요리의 외식 문화를 이끄는 곳임에 틀림없다.

Type	한식	*Tel*	0507-1332-2323
Add	대구시 동구 신암남로 133	*Opening Hours*	09:30-21:30

Daegu

피란민들이 모여든 교동시장과 수거래 화폐를 겸은 서문시장, 노동자들의 한탄과 위로가 뒤섞인 평화시장시장까지. 매일같이 모여드는 주민들의 웃음과 숨결이 가득한 시장에는 고난을 함께 이겨낸 역사가 스며있다. 그렇게 오래 세월 테를 지켜온 대구의 시장들.

대구시 중구 동성로 70-15

교동시장

대구의 중심 지역인 중구에는 오래 세월의 흔적을 고스란히 간직한 교동시장이 있다. 유동 인구가 많아 접근성이 높은 이곳은 어느 시장처럼 활력이 넘치거나 소란스럽지 않은 차분하고 편안한 분위기로 언제나 그 자리에서 사람들의 발길과 손길을 반긴다. 과거에 향교가 있는 지역을 '교동'이라 명명했는데, 대구 향교도 1932년 일제의 도시 개발 계획에 따라 다른 지역으로 이전하면서 그 이름만 남게 되었다. 교동시장의 좁고 긴 골목을 따라 맞은편에는 미처 군복과 수입품 상점이 즐비하다. 한국전쟁 당시 이 부근에 피란민들이 모여들었고 자연스레 수입 제품을 사고파는 사람들이 늘어나면서 이 골목에 터를 잡게 되었다. 1956년 3월 비로소 '교동시장'이라는 이름으로 정식 허가를 받기 전에는 사람들 사이에서 '양키시장'으로 불리기도 했다. 교동시장이라는 이름을 갖추 후 1970~1980년대에는 경제적 호황을 누렸다. 교동시장 골목 안에 더 좁고 작은 골목들로 이어지는데, 안쪽으로 들어가면 대구 10미 중 하나인 납작만두를 맛볼 수 있는 식당을 비롯해 어묵떡볶이, 순대, 빈대떡집과 옛 모습 그대로 운영해오는 수선집, 수입 생활용품을 파는 가게들이 아우러져 함께 시대를 건너오고 있음을 느낄 수 있다.

Editor *Bae Danbee*   Photographer *Shin Umi*

대구시 중구 달성로 50

서문시장

1922년 대구 읍성의 서문 자리에 들어선 서문시장. 해방 이후 서문시장은 여섯 차례의 화재를 겪는 등 어려운 시기를 지나왔지만 상인들의 끈끈한 단합과 주인 의식으로 오늘날 대구 최대 규모의 전통 시장으로 자리매김했다. 현재 4,000여 개 점포가 1·2·4·5지구와 동산상가, 건해산물상가에 분포되어 있다. 동서남북에 총 9개의 입구가 있어 어디서든 시장 안으로 들어서기가 편리하지만, 지칠 겹을 옮기 쉬우니 시장 이정표를 잘 확인하며 걸어야 한다. 시장 내 자리한 주차 시설과 2015년 개통한 3호선 모노레일로 이용객의 편리함과 접근성이 더욱 높아졌다. 평일·주말 구분 없이 언제나 사람들로 북적여 발 디딜 틈이 없는 이곳은 예부터 섬유와 판련한 커튼, 침구, 한복, 이불 점포를 비롯해 해산물, 건어물, 청과 점포와 음식점들이 빼곡히 늘어서 있다. 무엇보다 '먹거리 천국'이라 불리기도 하는 서문시장은 칼제비, 국수·삼겹삼겹살, 납작만두·떡볶이 등이 유명하다. 100여 년간 대구와 역사를 함께해온 서문시장은 오늘도 대구 시민과 관광객들로 활기가 넘친다.

Editor *Ha Jiyoung* Photographer *Jun Yescul*

평화시장

대구시 동구 아양로9길 16-10

장대같이 이어진 좁은 골목을 따라 상점들이 늘어선 평화시장의 아침은 고요하다. 상인들이 가게 셔터 문을 열고 오래된 전등을 켜면 시장의 하루가 시작된다. 손님들의 발길이 닿기 전 평화시장은 모두의 준비 시간처럼 목묵하다. 적은 숫자에 자본이 넉넉히 하루를 준비하는 것이다. 마틀 정성껏 다듬거나 고구마를 가지런히 모아두는 손길, 각종 국수들 바구니에 담는 이들의 경건한 노동만이 시장 곳곳을 채우고 있다. 규모가 작고 비교적 인적이 드문 이곳이 상인들은 그렇게 당연하다는 듯 자리를 펼친다. 다양한 식자재가 풍기는 냄음이 가득한 평화시장은 닭똥집 명물 거리로도 알려져 있다. 1974년 조성된 평화시장 앞 인덕 시장의 노동자들은 일을 마친기 힘들 때면 저렴하면서 배 속도 든든한 닭똥집을 술안주로 먹고는 했다. 그 시절은 삼아통닭이었다. 닭이 기본 부위들을 팔고 나면 남는 닭똥집 처리 방법을 찾은 것이 닭똥집 튀김이다. 삼아통닭의 영향을 받아 시장 내에서 닭 내장을 파는 상점들이 늘어나면서 자연스럽게 닭똥집 골목으로 자리 잡았다. 비록 이전보다 사람들의 발길이 뜸해지긴 했지만, 늘 같은 자리에 있는 것만으로도 주어이고 역사다.

Editor Cho Jihyun   Photographer Jung Kihun

TRENDY SHOP

NEW PULSE IN DAEGU

자신만의 개성과 매력으로 이어가는 대구의 새로운 맛.

EDITOR
Bae Danbee, Ha Jiyoung, Cho Jihyun

PHOTOGRAPHER
Jun Yeseul, Jung Kihun, Shin Umi

닷 라이브러리

빈티지 가구 브랜드 모리를 운영하는 심재형 대표와 코러스 커피&바의 최진영 대표가 각자의 숍은 그대로 유지하며 서로의 뜻을 모아 새롭게 문을 연 닷 라이브러리. 점에서 선, 선에서 면, 면에서 입체가 되듯이 모든 것의 시작이 되고 싶은 마음을 이름에 담았다. 2021년 9월에 오픈한 이곳은 사람들이 서로의 다름을 인정하고 함께 나아가는 사회가 되기를 바라며 시작되었다. 건축을 전공한 심 대표가 학창 시절부터 하나둘 모아온 해외 디자인 서적과 최 대표가 오랜 세월 수집해온 LP판을 매달 하나의 주제로 큐레이팅해놓는다. 원하는 LP의 음악을 듣고 책을 읽으며 영감을 주고받을 수 있는 문화 도서관이다. 오래전부터 음악 감상실이 즐비했던 대구의 문화와도 자연스레 이어지는 곳이다. 닷 라이브러리에 들어서면 가장 먼저 여백의 미를 살린 공간 속에 강렬한 노랑, 빨강, 파란색의 가구와 민트색 벽이 눈에 들어온다. 창의력이 효과적으로 발산되도록 돕는 민트색은 처음 공간을 구상할 때부터 정해둔 컬러다. 가구들은 모두 심 대표가 해외에서 직접 구입해 들여온 빈티지 가구로 공간을 한층 돋보이게 한다. 공간을 이용하기 위해선 입장료를 내야 하며 음료 1잔이 포함되어 있다. 이곳을 찾는 이들이 자유롭게 독서를 하고 음악을 감상할 수 있도록 간결하지만 건강한 음료와 메뉴로 구성했다. 브루잉 커피, 오가닉 티, 에이드의 세 가지 음료와 병아리콩 수프 & 빵, 구운 버섯 샐러드, 자몽 고구마 샐러드, 차가운 바질 파스타로 구성한 런치 메뉴 네 가지다. 커피는 대구에 자리한 '오프더스트릿'의 원두를 사용한다. 또 유럽 출장 중 현지 친구의 권유로 마셔본 후 인상에 깊게 남은 '클리퍼Clipper'사의 티를 닷 라이브러리의 오가닉 티로 소개하고 있다. 두 대표는 지속 가능성에 대해 고민하고 실천하기 위해 업사이클링 텀블러와 오가닉 티, 공정무역 에이드 등을 사용하고 있다. 매달 '문화의 날'마다 행사를 여는 닷 라이브러리는 사람들이 부담없이 모여 영화를 시청하고 서로의 이야기를 나누는 문화 공간으로 자리 잡아나갈 예정이다.

Type 카페
Add 대구시 수성구 용학로 4 2층
Tel 0507-1335-1857
Opening Hours 10:00-19:00, 일·공휴일 휴무

Daegu

goeul

Daegu

대도양조장

공작기계업을 해오던 정만기 대표는 오랫동안 레스토랑 운영을 꿈꿨다. 이자카야를 열 계획으로 사업을 구상하던 중 우연히 수제 맥주의 매력에 빠졌다. 그리고 당시 대구에 거주하고 있던 수제 맥주 전문가 제러드 해치의 도움을 받아 대도양조장을 오픈했다. 붉은색 벽돌과 아치형 창문이 근대 영국을 떠오르게 하는 대도양조장. 클 대大, 섬 도島를 써 '큰 섬'이라는 뜻의 '대도'와 막걸리나 간장을 생산하는 공장을 뜻하는 '양조장'이 합쳐진 대도양조장은 1950년대에 막걸리를 만들던 '대도양조장'의 땅과 상호명을 그대로 인수한 것이다. 브루어리 또는 펍이라는 세련된 수식을 쓰는 요즘의 맥줏집과는 달리 정겹고 편안한 분위기를 자아내며 어느새 대구의 대표 맥줏집으로 자리 잡았다. 대도양조장의 뒤편에는 맥주를 만드는 모든 과정이 이루어지는 양조장이 자리한다. 엿기름을 분쇄하는 초기 작업부터 시작해 맥주의 특성을 고려한 레시피를 직접 만들고, 가장 최종 작업인 맥주를 발효하는 일까지 모두 이곳에서 이루어진다. 외부 유통을 하지 않는 소규모 양조장으로 오롯이 대도양조장만의 퀄리티를 유지하며 맥주의 맛에 집중한다. 그중 대도양조장의 브랜드 네임이 붙은 대도 헬레스, 대도 필스너, 대도 골든에일, 대도 IPA는 항시 만드는 맥주로 손님들이 부담 없이 언제든 찾아 맛볼 수 있다. 총 14종의 맥주 중 이 네 종류를 제외한 10종의 맥주는 계절과 손님들의 필요에 따라 매번 새롭게 선보이고 있다. 수제 맥주를 처음 접하는 이들도 가장 기본적인 수제 맥주로 시작해 스페셜 라인의 맥주에도 서서히 관심을 가질 수 있도록 돕고자 한 것이다. 여기에 당일 들여와 신선한 부챗살을 직접 손질해 밑간을 한 후 싱싱한 채소, 꽈리꼬추를 섞고 데리야키 소스에 볶은 부채살 찹스테이크, 직접 뜯은 뒤 버터를 듬뿍 발라 오븐에 바삭하게 구운 먹태는 보편적인 메뉴지만 맥주와 페어링하기에 딱 좋다. 흔히 막걸리나 간장을 생산하는 공장을 뜻하는 양조장에서 맥주를 만든다는 신선한 발상으로 시작한 대도양조장에는 양조사의 정성까지 가득 담겨 더욱 맛있고 시원한 맥주 한잔이 기다리고 있다.

Type 양식, 펍
Add 대구시 중구 동덕로14길 47
Tel 053-352-2345
Opening Hours 15:00-24:00, 주말 13:00-24:00

goeul

Daegu

동아식당

한식을 기본으로 하는 동아식당은 공간에도 음식에도 익숙한 것에 대한 새로운 관점이 녹아 있다. 오랜 시간 묵묵히 자리를 지킨 옛 '동아목공'의 간판을 그대로 걸고 있는 동아식당은 봉산동의 피키차일드다이닝으로 시작한 피키차일드컴퍼니가 대구에서 전개하는 두 번째 식당이다. 2019년에 처음 문 연 동아식당은 대구 지역에서 '지속 가능성'이라는 키워드를 지속적으로 고민하고 제시해나간다. 과거 목공소가 지켜온 지역적 특색과 가치를 잇고 경상도 지역의 로컬 식자재를 사용해 하절기, 동절기 메뉴를 구성한다. 오래된 살굿빛 타일이 그대로 붙어 있는 건물의 유리문을 열고 들어서면 목재 중심의 정갈하고 심플한 인테리어가 따뜻한 분위기를 만들어낸다. 크지 않은 규모의 단점을 바 형식의 테이블로 보완했는데, 음식을 만드는 모습을 눈앞에서 볼 수 있어 더욱 흥미롭고 믿음직하다. 닭 육수 베이스에 얇은 소면과 경상남도 통영의 간고등어로 만드는 고등어소면은 동아식당의 시그너처 메뉴다. 깊고 진한 국물에 탱탱한 소면 그리고 고소하고 담백한 고등어가 어우러져 든든한 영양 만점 한 끼 식사로 제격이다. 된장비빔면은 두께가 있는 면에 된장을 중심으로 갖은 재료를 배합한 짭짤한 소스가 어우러지는데, 특히 수란을 더해 고소하고 진득한 식감이 특징이다. 매 계절 스테디 메뉴인 계란 김밥은 은은한 불로 부드럽게 익혀낸 달콤하고 두툼한 계란이 들어간 김밥이다. 포근하면서도 입안에 꽉 차는 맛이 일품으로 함께 제공하는 생강절임과 고추냉이를 곁들여 먹으면 더욱 다채로운 맛을 경험하게 된다. 동아식당에서 천천히 식사를 즐기다 보면 눈에 들어오는 것이 또 하나 있다. 바로 천장의 옛 대들보다. 특별한 기능을 하지 않는 대들보를 그대로 살린 것에서도 동아식당이 추구하는 지속 가능성의 가치가 엿보인다.

Type 한식
Add 대구시 중구 국채보상로125길 14
Tel 010-6500-3981
Opening Hours 11:30-20:00, 월·매월 마지막 주 화 휴무 (브레이크타임 15:00-17:00)

goeul

로즐린 가든

은은한 조명 아래 연인, 친구와 모여 앉아 와인을 마시는 모습이 이국적인 느낌을 자아내는 로즐린 가든은 호주에서 하나둘 모아온 디자이너 가구와 앤티크 오브제가 공간을 채우고 있다. 특히 1940년에 제작된 베르너 판톤Verner Panton 샹들리에는 자칫 깨질세라 애지중지하며 한국까지 가져왔다. 이렇듯 곳곳에 배치된 해외 가구와 조명을 구경하는 재미가 쏠쏠한 로즐린 가든은 호주 올드스쿨 클래식 이탤리언, 미들이스턴 레스토랑에서 5년간 요리 경력을 쌓은 박병규 셰프가 2019년 12월 호주 생활을 정리하고 고향 대구로 돌아와 오픈한 내추럴 와인 바다. 그의 오랜 베스트 프렌드이자 아내 김현아 대표가 함께 운영을 맡고 있다. 로즐린 가든이라는 이름은 시드니에서 가장 많은 시간을 보냈던 스트리트 이름을 그대로 가져왔다. 셰프가 조리하는 모습을 볼 수 있는 오픈 주방은 손님과의 소통을 생각한 구조로, 주방에서도 홀 상황을 파악할 수 있어야 한다는 박 대표만의 가치관이 담겨 있다. 로즐린 가든은 다채로운 내추럴 와인과 사계절 식자재를 활용한 이국적 메뉴를 소개하는 곳으로 매일 저녁 단골손님들로 가득하다. 시그너처 메뉴인 구운 배추는 배추의 달짝지근한 맛과 토치로 그을린 맛이 낯설면서도 조화롭다. 또 브라타 치즈는 직접 만든 청토마토 잼, 사워도우 브레드와 곁들여 나오는데 치즈의 고소함과 잼의 상큼함이 감칠맛을 돋워 와인과 페어링하기에 더할 나위 없는 스테디 메뉴. 기본적으로 일상에서 쉽게 접할 수 있는 재료이자 익숙한 제철 식자재를 활용해 새로운 맛을 제시하고자 하는 박 대표의 노력 덕분에 로즐린 가든에서는 계절마다 다른 메뉴를 만날 수 있다. 지금까지 소개한 메뉴는 화이트 앤쵸비 브루스케타, 구운 브로콜리, 홍새우 구이, 버팔로 모짜렐라, 치킨 파테 등이다. 박 대표는 개인의 취향에 따라 좋아하는 식자재가 들어간 메뉴를 골라 로즐린 가든이 제안하는 새로운 맛을 느껴볼 것을 추천한다. 와인 또한 그날의 기분, 날씨, 함께 먹는 사람에 따라 같은 와인도 다른 맛이 느껴지기에 다양하게 시도해보기를 제안한다. 영업시간과 휴무일이 가게 사정에 따라 바뀌니 SNS에서 운영 시간을 체크한 후 방문하기를 권한다. 빨간 벽돌 위 삐뚤삐뚤 붙인 분홍, 주황의 어설픈 테이프 간판이 멀리서도 눈길을 사로잡아 찾아가는 데에는 큰 어려움이 없다.

Type 바, 양식
Add 대구시 중구 동덕로 36길 136
Tel 010-2833-9290
Opening Hours 인스타그램을 통해 영업시간 공지

Daegu

goeul

Daegu

삼덕모가

정유경 대표는 대구에서 태어나 삼덕동에서 어린 시절을 보냈다. 삼덕모가는 그가 2021년 천덕, 지덕, 인덕 세 가지 덕이 모였다는 삼덕동을 향한 애정을 담아 이곳에 문을 연 세 번째 가게다. 2001년에는 현재 이승욱 대표가 이어서 운영하는 한옥 카페 '오가닉모가'를 '모가'라는 이름으로 시작했고, 2017년부터 2020년까지 작은 케이크 가게 '카린상점'을 운영했다. 삼덕모가는 낮은 담벼락과 파란 대문을 가진 하얗고 작은 단층 주택의 밥집이다. 소담한 마당에는 오래전 이 집에 산 누군가가 사용한 낡은 농구대, 할머니가 앉았을 앉은뱅이 의자까지 그대로다. 정유경 대표는 최대한 이곳을 느리게, 천천히 운영해가는데, 그가 만드는 음식에서도 따스한 손길에서만 느낄 수 있는 정성스러움이 배어 있다. 삼덕모가의 메뉴는 카페와 디저트 가게를 운영하던 당시 정유경 대표가 직원들에게 종종 해주던 식사 메뉴에서 출발했다. 모든 메뉴는 계절이나 날씨, 재료의 신선도에 따라 그때그때 달리 구성한다. 이번 여름에는 잡곡밥과 함께 계절에 맞춘 채소와 직접 만든 양념장을 나무 도시락에 정갈히 담아낸 여름 쌈밥, 신선한 채소를 육수에 뭉근히 끓인 여름 카레, 양지 육수와 김치 국물에 말아 먹는 이북식 김치말이, 초당옥수수와 취나물 주먹밥, 질 좋은 국산 팥을 체에 곱게 내려 끓인 단팥죽으로 메뉴를 구성했다. 생소한 메뉴인 이북식 김치말이는 이북이 고향인 시어른에게 보고 배운 음식이다. 차가운 이북식 물김치에 기름을 걷어낸 양지 육수를 적당한 비율로 섞어 갓 지은 따뜻한 밥에 부은 뒤, 곱게 찢은 양지 고명과 물김치를 같이 먹는 건강하고 맛있는 한 끼 식사다. 단팥죽은 오랜 시간 정유경 대표가 인연을 맺은 선생님으로부터 전수받은, 그에게 더욱 의미 있는 달콤하고 담백한 메뉴다. 삼덕모가의 모든 음식은 신선하고 깨끗한 국산 재료로 만들고, 작은 종지에 담아내는 반찬이나 양념장 모두 직접 만들어 사용할 뿐 아니라 판매까지 이루어진다. 여름에는 작은 마루에 앉아 소반 위에 놓인 단팥죽을 먹으며 깊은 달콤함을, 겨울에는 곱고 단정한 실내에서 건강하고 담백한 식사를 맛볼 수 있는 곳. 대구 삼덕모가에서의 시간은 언제나 따뜻하게, 느리게 흐른다.

Type 한식
Add 대구 중구 달구벌대로447길 34-3
Tel 010-8856-8488
Opening Hours 금-토 11:30-15:00

Daegu

goeul

Daegu

인더매스

커다란 유리창을 통해 환한 빛이 들어오는 인더매스는 사람들이 모여 '커피'를 매개로 소통하기를 바라는 마음에서 만들어졌다. 건축설계사무소에서 설계 일을 하던 이은재 대표는 자신이 기획한 공간에서 각자가 하나로 어우러지는 모습을 직접 마주하기를 원했다. 성인이 된 후부터 서울에서 경험한 것들을 고향인 대구에서 펼치고자 2010년 '바이데일리'라는 카페테리아를 창업했고, 이후 매스커피, 인더매스라는 브랜드를 만들었다. 대구 삼덕동에 자리한 인더매스는 공간의 중심에 베이커리 바를 배치해 손님들과 개방적인 소통이 가능하도록 설계했다. 특히 카페 안쪽에 놓인 커다란 커뮤널 테이블공동 식탁이 가장 돋보인다. 인더매스에 있는 모든 이가 개개인의 즐거움을 함께 나눌 수 있도록 구성한 공간이다. 소통의 중심에는 특별한 커피와 맛있는 베이커리가 빠질 수 없다. 스페셜티 등급의 생두를 사용해 아로마, 단맛, 플레이버맛, 향기, 입안의 촉감 등에 의해 종합된 총체적인 맛가 분명하면서도 그 누구라도 매일 마시기 좋은 블렌드 원두 세 가지 그리고 다양한 농장과 국가의 싱글 오리진 커피를 분기별로 소개한다. 스페셜티 커피 로스터리인 만큼 세 가지 블렌딩의 아메리카노와 라떼, 직접 만든 바닐라 연유 크림이 올라간 크림솔트 라떼는 인더매스에서 가장 사랑받는 메뉴다. 직접 다듬고 끓인 오렌지청이 들어간 스위밍 오렌지 또한 상큼하면서도 달콤한 향이 입안을 감돌아 많은 사람이 즐겨 찾는다. 공간의 전면을 차지한 베이커리 바에는 먹음직스러운 빵들이 가득 놓여 있다. 스콘, 빨미카레, 치아바타, 파운드케이크 등 다양한 종류 중에서도 고메버터의 풍부한 풍미와 새콤달콤한 레몬을 맛볼 수 있는 레몬 파운드 케이크, 달콤한 카라멜 소스가 흩뿌려져 있는 카라멜 버터스콘이 대표적이다. 게다가 3층에 자리한 피프Peep 숍에서는 인더매스가 큐레이션하는 라이프스타일 제품을 만나볼 수 있으니 눈과 입이 모두 만족할 수 있는 공간이다. 인더매스, '대중(군중) 속으로' 들어가 기분 좋은 소란을 만끽할 수 있는 이곳에는 향긋한 커피와 달콤한 빵, 각자의 취향이 모여 있다. 규모가 큰 공간이지만 인더매스는 그 안에서도 본질을 놓치지 않는다.

Type 카페
Add 대구시 중구 공평로8길 29
Tel 0507-1315-9003
Opening Hours 11:00-22:00, 매월 셋째 주 화 휴무

goeul

goeul

고미텐

하얀 쌀밥 위에 감칠맛을 돋우는 몇 가지 튀김을 올리고 간장 소스를 뿌려 나오는 일본식 튀김덮밥 텐동. 외모가 귀여운 곰을 닮은 김용철 대표는 곰을 늘여 발음한 '고미'와 튀김이라는 뜻의 일본어 '텐'을 합친 이름으로 텐동 가게를 열었다. 가게 내부는 일본 식당에서 흔히 볼 수 있는 다찌테이블이 주방을 감싸는 형태석으로 꾸몄다. 자리에 앉으면 해산물을 넣은 미소 된장국을 가장 먼저 내어주는데, 식사 전에 육수가 우러나 시원한 된장국으로 음식의 풍미를 한껏 끌어올리기 위해서다. 고미텐 텐동은 장어, 관자, 한치, 새우, 달걀, 야채 튀김이 올라가는 스페셜 텐동과 새우, 한치, 닭 가슴살 또는 생선, 한치, 달걀, 야채 튀김이 올라가는 고미 텐동 그리고 새우와 야채 튀김으로만 구성한 새우 텐동으로 총 세 가지 메뉴를 판매한다. 새우를 제외한 모든 식자재는 국내산을 사용하며, 완제품은 일절 사용하지 않는다. 텐동 소스는 씨간장부터 직접 만들어 제조해 다른 곳에서는 맛볼 수 없는 고미텐 특유의 깊은 맛을 느낄 수 있고, 튀김의 느끼함을 잡아주는 동시에 튀김 속 재료의 맛을 극대화한다. 따뜻한 밥 한 숟갈을 입에 넣고 달짝지근한 간장 소스가 뿌려진 바삭한 튀김을 한 입 베어 물면 입안에서 감칠맛이 돋아 숟가락질을 멈출 수 없다. 자리마다 놓인 연근 피클과 단무지는 취향껏 개인 접시에 덜어 메뉴와 곁들이면 된다. 텐동 외 메뉴로는 부타동, 타레가츠로 메뉴와 재료의 구성은 김 대표가 일본에서 배워 온 기술을 바탕으로 그때마다 조금씩 변화를 주는 편이다.

Type 일식
Add 대구시 수성구 동원로 6

Tel 010-6666-2281
Opening Hours 11:45-20:30, 일 휴무
(브레이크타임 14:30-17:15)

더댄스2017

2017년에 문을 연 더댄스2017(이하 댄스)은 낮은 건물과 한적한 인쇄 골목이 자리한 계산동의 세월을 간직한 건물 2층에 들어서 있다. 댄스는 체리목에 쇠 손잡이를 그대로 사용하는 오래된 건물에서 주변 환경과 어우러지며 자신만의 자유로운 분위기를 만들어내고 있다. 이는 이곳을 운영하는 바리스타이자 베이커인 이동근 대표와 디자이너인 여자친구가 함께 고민하고 꾸민 결과물이다. 이름에 들어가는 '댄스'는 두 사람이 좋아하는 여러 분야의 작품에서 중복되는 단어로, 이곳에서만큼은 자신들이 좋아하는 것을 해보고자는 마음이 담겨 있다. 대구에서 나고 자란 이동근 대표는 오랜 시간 바리스타와 베이커로 일한 경험을 토대로 댄스만의 취향이 담긴, 모양도 맛도 사랑스러운 베이커리 디저트와 음료로 메뉴를 구성했다. 강배전 원두로 만든 플랫 화이트에 댄스만의 비율로 만든 크림을 올린 시그너처 메뉴 댄스크림커피는 섞지 않고 그대로 마실 때 부드럽고 달콤한 크림부터 묵직한 커피 맛까지 모두 즐길 수 있다. 단호박타르트는 단단한 형태의 타르트로 단호박 필링을 넣고 그 위에 단호박 크림을 가득 올려 부드러우면서 달콤한 맛을 냈기에 동네 어르신 손님에게도 인기 만점이다. 레드벨벳컵케이크, 빅토리아케이크는 댄스를 아는 사람이라면 어느 하나 빼놓을 수 없는 대표적 스테디 디저트 메뉴다. 두 사람이 좋아하는 요소들로 공간을 꾸민 것처럼 이곳을 방문하는 사람들 역시 각자의 목적으로, 자기만의 리듬으로 댄스를 즐기고 좋아하는 듯하다.

Type 카페
Add 대구시 중구 국채보상로102길 35 삼광유리, 세현상사 건물 2층

Tel 0507-1327-1922
Opening Hours 월-목 12:00-18:00, 금-일 12:00-20:00

Daegu

더커먼

제로 웨이스트 숍이자 비건 푸드를 판매하는 더커먼은 강경민 대표의 경험과 사유가 모여 탄생했다. 취미로 프리다이빙을 하던 강경민 대표의 시선은 무수한 해양 쓰레기로 향했다. 어릴 때부터 자연과 동물을 좋아하던 그에게 그 광경은 오랫동안 마음에 남았다. 영국에 살던 시절 동네의 제로 웨이스트 숍에서 쓰레기가 남지 않는 소비를 경험한 것도 잊을 수 없었다. 더커먼의 공간은 이 경험을 토대로 전개되었다. 특정 사이즈가 필요한 가구와 집기를 제외하고는 모두 길에서 줍거나 중고 가구상에서 모은 것으로 가게를 채웠고, 인테리어를 할 때는 다음 세입자가 공간을 사용할 때 철거할 물건이 없도록 하는 데에 집중했다. 대구 비건 식당으로 주목받고 있는 더커먼. 육식을 하지 않는 그에게 채식을 소개하는 것은 너무나 자연스러운 일이었다. 동물성 재료를 일절 사용하지 않는 메뉴 중에서도 대표 메뉴는 '커먼 팔라펠 샐러드'다. 그가 영국에서 지내며 가장 자주 먹었던 음식으로, 천연 발효한 주머니 빵과 병아리콩을 주재료로 한 단백질 완자 팔라펠, 각종 채소와 샐러드로 구성된다. 주머니 빵을 열어 모든 재료를 넣은 뒤 샌드위치처럼 먹는 것을 추천한다. 음식과 음료를 포장할 때도 일회용 용기는 전혀 사용하지 않는 것이 그의 철칙이다. 더커먼이 추구하는 가치를 이해하고 함께하는 이들이 주요 고객층이기에 그들이 직접 가져오는 그릇에 음식을 포장해 주거나 생분해 가능한 포장 용기를 사용한다. 음료 테이크아웃을 원하는 이에게는 텀블러를 대여해주고 있다. 지구와 인류 그리고 세상의 모든 생명체를 위한 공간, 더커먼. 이곳에는 서로를, 그리고 각자를 위하는 마음이 모여 건강한 미소와 가벼운 발걸음이 오고 간다.

Type 퓨전, 제로웨이스트 편집숍
Add 대구시 중구 국채보상로 741
Tel 0507-1338-2065
Opening Hours 11:30-20:30(라스트 오더 20:00), 월 휴무 (브레이크타임 15:00-17:00)

Daegu

로맨스빠빠

대구에서 나고 자라 10년째 커피를 만들고 있는 박영훈 대표는 2017년에 어린 시절 한옥에서 살던 추억을 떠올리며 부모님 세대의 향수를 느낄 수 있는 한옥 카페 로맨스빠빠를 열었다. 서문시장의 골목 한편에 오롯이 자리한 로맨스빠빠는 문을 열고 들어서는 순간, 80년대의 정겨운 가정집을 떠올리게 한다. 한옥 특유의 아늑한 분위기, 곳곳에 장식처럼 놓인 자개장 등의 옛 가구와 소품, 실제로 가정에서 사용하는 컵 등의 생활용품 덕분이다. 로맨스빠빠의 식음료 메뉴 역시 수제에 초점을 두고 옛 향취가 느껴지도록 준비했다. 시그니처 커피와 디저트 메뉴를 기본으로 계절마다 변화를 주어 사계절 새로운 메뉴를 맛볼 수 있기에 더욱 풍성하게 공간을 즐길 수 있다. 시그너처 커피 중 하나는 바로 만년설이다. 고소한 커피를 베이스로 풍미 가득한 크림이 올라간다. 로맨스빠빠만의 크림 제조 방식으로 만들어 느끼하지 않고 깔끔하게 마무리된다. 오감도는 카푸치노와 같은 부드러운 거품이 올라가지만, 일반 거품이 아닌 생크림처럼 밀도 있는 쫀득한 우유 거품이란 점이 다르다. 한 번 먹으면 오감을 모두 자극한다 해서 붙인 이름이다. 디저트 메뉴 중 무화과티라미수는 레드와인에 졸인 무화과를 가득 올려 마스카포네 크림치즈의 풍미와 무화과 향을 동시에 느낄 수 있다. 친구나 가족과 함께 방문하면 로맨스빠빠에서의 시간이 더욱 깊고 짙게 기억될 것이다.

Type 카페
Add 대구시 중구 국채보상로 492-6
Tel 053-425-0799
Opening Hours 12:00-22:00

룰리커피

대구 시내를 조금 벗어나면 이제는 열차가 서지 않는 고즈넉한 폐역사 고모역이 남아 있다. 고모역에서 조금만 고개를 돌리면 키가 낮고 품이 넓은 빨간 벽돌집 룰리커피가 보인다. 빨간 벽돌 위 제비 한 마리가 앉아 있는 초록색 로고가 이국적으로 다가온다. 커피 원두의 선택지를 넓혀 많은 이가 개인의 커피 경험을 확장하고 커피 세계를 자유롭게 탐미하길 바라는 김철우 대표의 바람이 담긴 룰리커피. 현재는 대구를 대표하는 로컬 로스터리 카페로 자리 잡았다. 커피 본연의 맛에 집중하기 위해 드립 전문 커피 브랜드로 운영 중인 이곳은 커피 바에 길게 늘어선 원두가 가장 먼저 눈길을 사로잡고, 통유리 너머 로스팅 머신이 들어선 공간에 또 한 번 이목이 집중된다. 룰리커피의 모든 원두는 이곳에서 로스팅하며 에티오피아, 브라질, 콜롬비아, 케냐 등 총 7종류의 원두를 취급한다. 드립 커피 외에는 에스프레소를 사용하는 밀크 커피, 아이스크림 커피 등이 준비되어 있다. 드립 커피가 사람들의 일상 속에 스며들길 바라는 김대표는 매장 중앙에 원두와 드립백을 진열해두어 오고 가는 사람들이 쉽게 원두를 구매하고 살펴볼 수 있도록 했다. 그뿐 아니라 커피를 주문하는 모든 이에게 드립백을 하나씩 함께 내어주는 모습에서 룰리커피의 진심을 느낄 수 있다. 테라스석에서 고모역 방향을 향해 앉아 오래된 기찻길을 달리는 기차를 보며 즐기는 드립 커피의 향기가 우리에게 꽤나 진한 추억을 남긴다.

Type 카페
Add 대구시 수성구 고모로 188
Tel 070-4671-6089
Opening Hours 10:00-23:00(라스트 오더 22:00)

Daegu

버닝 레스토랑

대구 시청 네거리의 어느 빨간 벽돌 건물 1층 초록색 어닝에 크게 적힌 'buning'이라는 영문자가 시선을 붙든다. 점심과 저녁마다 그 앞에 길게 줄이 서는 버닝 레스토랑은 F&B 컨설팅을 하는 권룡 대표가 전개하는 양식 전문 레스토랑이다. 버닝 레스토랑은 2019년 교동의 어느 작은 골목에서 5평 남짓한 공간으로 시작했다. 당시 주로 브리오슈 번을 베이스로 따뜻한 달걀 토스트와 생과일 주스 등을 만들었고, 우연한 기회로 지금의 자리로 이전해 규모도 업종도 확장한 현재 모습으로 변화했다. 버닝 레스토랑에서는 다른 곳에선 맛볼 수 없는 양식 메뉴를 선보인다. 그중 대표 메뉴라 할 수 있는 대창김치필라프, 토시살스테이크와 프라이즈, 까르보나라는 어느 하나 빠짐없이 골고루 인기 있다. 대창김치필라프는 익숙함 속에서 새로운 경험을 제공하기 위해 김치볶음밥에 대창과 통베이컨을 넣어 만들어 매콤하면서도 고기의 풍미가 가득한 것이 특징이다. 토시살스테이크는 평소 접하기 어려운 특수 부위인 토시살을 먹기 좋게 손질해 만든 스테이크로 남녀노소 즐겨 찾는다. 까르보나라 역시 크림 소스가 아닌 달걀 노른자를 이용한 오리지널 까르보나라이며, 한국인의 입맛을 고려해 얇은 베이컨이 아닌 삼겹살을 연상시키는 통베이컨을 넣어 한층 풍부한 맛을 즐길 수 있다. 개성 있는 메뉴와 함께 즐기는 음료 역시 오랜 경험을 바탕으로 제조한 착즙 음료로 구성해 건강까지 챙긴다. 맛있는 음식 냄새와 손님들의 기분 좋은 웃음소리가 폴딩형 도어 사이로 새어 나와 거리를 오가는 사람들의 마음까지 따뜻하게 만들어준다.

Type 양식
Add 대구시 중구 공평로 79

Tel 053-256-2833
Opening Hours 12:00-22:00, 월 휴무
(브레이크타임 15:00-17:00)

Buning Restaurant
Buning Restaurant
Buning Restaurant

Buning Restaura
Every day good buning
BUNING
BUN + ING
BUNING-STEAK
FRIED
ANNIVERSA

베지로운

아파트 단지 한편에 자리한 베지로운에는 제각각의 이유를 지닌 이들이 찾아온다. 빵을 먹고 싶지만 피부 질환으로 인해 먹을 수 없었던 사람, 아이에게 좋은 빵을 먹이고 싶은 부모, 나이가 지긋한 어르신까지. 비건 베이커리를 소개하는 베지로운은 권오현 대표의 빵에 대한 애정, 그리고 그 빵을 다시는 먹지 못할 수도 있다는 불안에서 시작됐다. 빵을 좋아해 밥 대신 빵을 먹을 정도이던 그에게 원인 모를 두드러기와 성인 여드름이 찾아온 것이다. 빵을 멀리하라는 의사의 말에도 빵을 쉽게 끊을 수 없어 증상만 악화되던 차에 중고 책방에서 채식 베이킹과 관련된 서적을 접하게 된다. 이후 그는 비건 빵을 먹기 시작했고, 급기야 직접 만들기에 이르렀다. 그렇게 자신의 건강을 위해 시작한 채식 베이킹이 모두를 위한 베이커리로 탄생한 곳이 바로 베지로운이다. '베지터블Vegetable'과 우리말 '이로운'을 합쳐 만든 상호명 베지로운은 채식 재료를 기본으로 하고 있다. 국내산 제철 식자재를 사용하며 다양한 피부 질환을 앓고 있는 이들을 위해 빵과 음식에 관한 연구를 멈추지 않고 있다고. 달걀, 우유 등 특정 재료에 알레르기가 있는 고객을 위한 비건 케이크와 쌀 식빵류가 대표 메뉴다. 쌀가루와 통밀가루, 현미 가루와 귀리 모두 우리 땅에서 자란 곡물을 사용한다. 베지로운을 찾는 사람들은 "이곳 빵은 먹어도 속이 불편하지 않다"고 입을 모아 말한다. 건강이 이롭길 바라는 마음에서 문을 연 베지로운은 모두에게 이로운 맛을 선사하고 있다.

Type   베이커리
Add   대구시 동구 송라로16길 11
Tel   010-8678-0172
Opening Hours   12:00~19:00, 일·월 휴무

Daegu

서스카페

조선 선조 때 경상감영이 있던 터를 보존하기 위해 조성한 경상감영공원을 거쳐 약 100년의 역사를 지닌 대구근대역사관을 지나면 나타나는 서스카페. 통유리창과 곡선의 외벽, 네온사인 간판에서 느껴지는 자유로움이 경상감영길의 분위기와 묘한 조화를 이룬다. 2019년 8월에 문을 연 서스카페는 인테리어 디자인을 하던 최한진과 커피 회사에서 오래 일한 동업자가 함께 운영하는 카페다. 높은 천고, 다채로운 컬러와 디자인의 포스터가 다닥다닥 붙어 있는 하얀 벽이 특징인 서스카페는 공간에서 느껴지는 자유로운 분위기처럼 'Yes, Kids, Yes, Pets'를 지향한다. 이들의 열린 태도는 곳곳에서 발견하고, 또 음식으로 맛볼 수 있다. 공간 내에서 창작자 또는 로컬 아티스트들의 작업이나 활동을 소개하기도 하며, 친환경을 적극적으로 실천한다. 메뉴는 크게 커피와 커피가 아닌 것, 커피와 잘 맞는 서스만의 디저트 메뉴라는 기준으로 구성된다. 그중 작은크림라떼는 단맛이 가미된 커피를 찾는 사람들이 많아 준비한 메뉴다. 밑부분의 커피와 우유를 먼저 맛보고 위에 올린 크림으로 달달하게 마무리한다. 더티초코대니쉬는 초코를 덧입힌 크루아상 사이에 바닐라 아이스크림을 가득 넣은 대표적 디저트 메뉴다. 아메리카노와 먹을 때 완벽한 조합을 만들어낸다. 크루아상을 반으로 잘라 아랫부분과 윗부분을 다르게 조리해 만들어내는데, 그 결과 브라우니의 쫀득한 식감과 크루아상의 부드러운 식감이 동시에 느껴진다. 독일어로 '달콤하다'라는 뜻의 '서스'처럼, 서스카페에서는 누구나 달콤하고 자유로운 시간을 만끽할 수 있다.

Type 카페
Add 대구시 중구 경상감영길 32

Tel 010-7156-8800
Opening Hours 12:30-20:30, 수 휴무

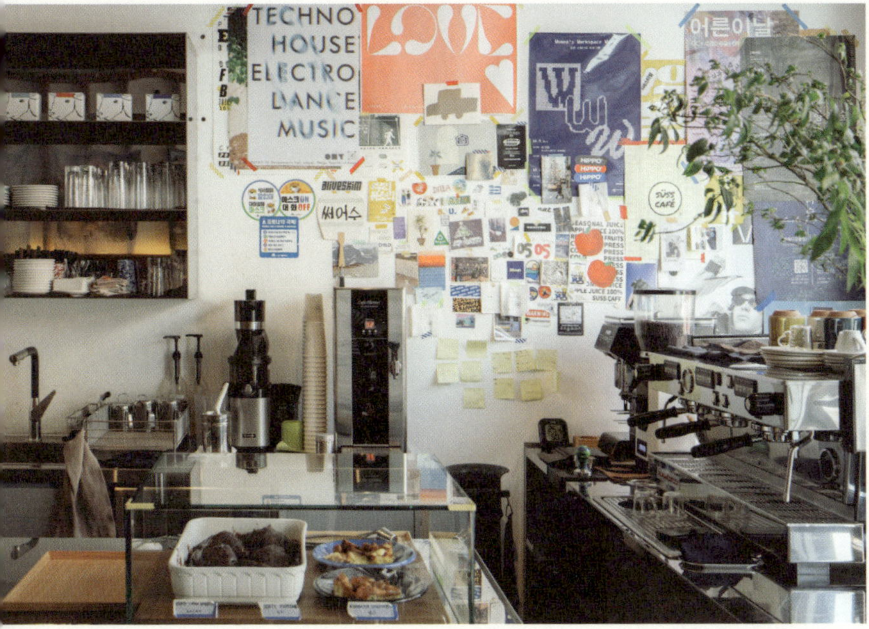
TECHNO
HOUSE
ELECTRO
DANCE
MUSIC
어른이날
SÜSS CAFÉ

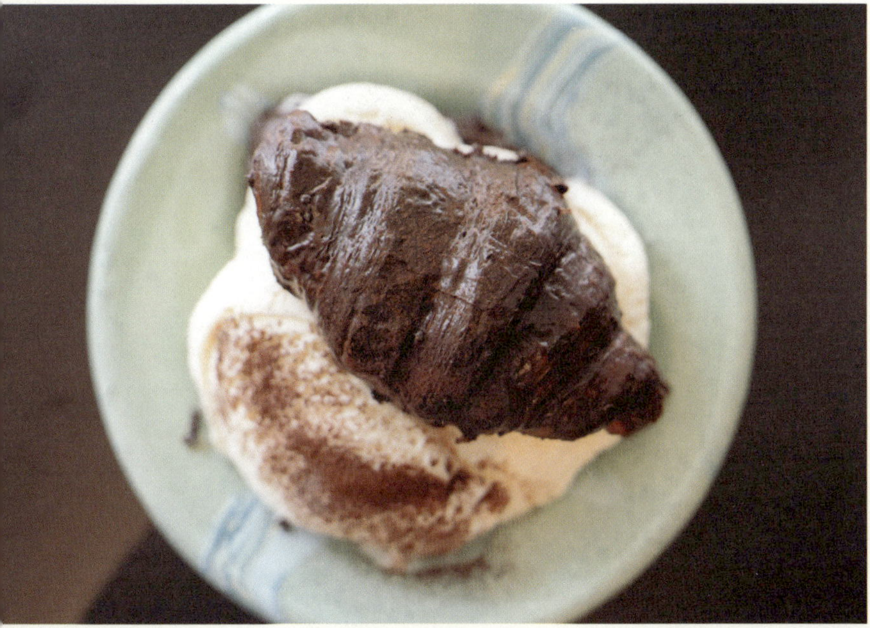

오이쏘이식당

오일스테인으로 직접 '동네밥집'이라고 써놓은 간판, 노란 벽지를 곁에 두고 옹기종기 모여 있는 식탁에 앉으면 따뜻한 분위기와는 대조되는 힙합과 펑크 음악이 흘러나온다. 이 모든 것이 친밀하게 어우러지는 정갈한 한식집, 오이쏘이다. 사운드디자인과 작·편곡을 전공한 임주원 대표는 20대 때 워킹홀리데이로 떠난 호주의 스시집 주방에서 일하며 또 다른 자신의 천직을 찾았다. 셰어하우스에서 함께 살던 친구들에게 한식을 만들어줬을 때, 꼭 엄마의 손맛 같다던 친구들의 말은 오이쏘이를 차리는 결정적 동기가 되었다. 이곳의 대표 메뉴는 새우 칠리 라이스와 된장찌개다. 다소 느끼한 덮밥과 구수한 찌개가 조화롭고, 두 메뉴를 함께 먹을 때 맛이 극대화된다. 집에서 먹는 건강한 밥을 차리기 위해 임주원 대표의 어머니는 매일같이 다른 반찬을 비롯해 돈가스와 튀김류, 소스와 사이드 메뉴까지 모두 직접 만들고 있다. 이렇듯 정성과 노력이 깃든 오이쏘이에는 다양한 이들이 머물다 간다. 수업을 마친 뒤 출출한 속을 채우러 들어오는 학생, 점심을 먹기 위해 들르는 직장인, 천천한 걸음으로 방문하는 노부부까지. 낮에는 환한 햇빛이 들어오고, 밤에는 되려 골목을 밝게 비춰주는 오이쏘이는 동네를 오가는 이들에게 집밥 같은 한 끼를 선사한다.

Type 한식
Add 대구시 중구 봉산문화2길 14

Tel 070-4155-1380
Opening Hours 11:30~20:30, 일·월 휴무
(브레이크타임 15:30~17:30)

오일리버거

회색 벽돌 벽과 주황색 간판이 눈길을 끄는 오일리버거의 문을 열고 들어가면 남색 유니폼을 빼입은 이들이 빵과 패티를 굽고, 재료를 겹겹이 쌓아 소스를 듬뿍 뿌리는 맛있는 광경이 펼쳐진다. 스트리트 문화와 옷, 신발을 좋아해 판매직과 서비스직에서 일하던 박찬희 대표는 사정이 어려워진 친구의 가게를 인수해 2016년 본격적으로 오일리버거를 운영하기 시작했다. 패스트푸드점에서 오랫동안 일하면서 그는 햄버거에 대한 자신의 애정을 엿보았다. 햄버거를 만든다는 건 단순함 속에 많은 규칙을 발견하는 일이었고, 이러한 햄버거를 먹는 고객들을 보는 것이 그에게는 또 다른 재미였다. 매장에서 흘러나오는 음악은 물론 유니폼, 미국 문화에서 영감을 얻은 내부 인테리어는 스트리트 문화를 좋아하던 그의 취향이 고스란히 반영된 산물이다. 미국 스타일의 가장 클래식한 시그너처인 오일리버거와 더블치즈버거, 그리고 트렌드를 반영한 아보카도버거와 트로피컬버거는 이곳의 초기 메뉴였다. 시간이 지나 고객들의 다양한 취향에 맞춘 버거를 제공하기 위해 단맛과 신맛이 더해진 쉬림프버거와 매운맛의 에그해쉬버거를 개발했다. 말 그대로 '기름진 버거'라는 뜻의 오일리버거에서는 버거의 본질에 집중해 간편하면서도 한껏 배부를 수 있는 든든한 수제 버거를 맛볼 수 있다.

Type 양식
Add 대구시 중구 국채보상로125길 23-1

Tel 053-213-0512
Opening Hours 11:30-21:00

Daegu

오퐁드부아 티하우스

대구 도심에서 조금 떨어진 가창면의 산기슭에는 차 내리고 마시는 소리와 숲속의 바람 드나드는 소리만이 들린다. 프랑스어로 '숲속 깊은 곳'을 뜻하는 오퐁드부아는 티하우스라는 이름을 덧붙여 2020년 이지혜 대표가 문을 연 찻집이자 차 문화 공간이다. 앞서 시작한 '오퐁드부아 카페', '오퐁드부아 다이닝'에 이은 세 번째 공간이다. '숲속 깊은 곳 차의 집'이라는 이름에 걸맞은 공간과 메뉴는 이곳에서 머무는 시간을 연장한다. 자연을 만끽할 수 있는 넓은 창과 차를 마시러 왔지만 마치 자연 속에 들어가 있는 듯한 원목 가구들, 차분한 컬러를 사용한 내부 인테리어와 널찍한 공간 활용이 심신을 더욱 여유롭게 한다. 메뉴 구성 역시 사람들이 자신의 취향에 맞는 차를 찾을 수 있도록 다양한 종류의 차를 준비해 소개하고, 나아가 차 마시는 방법을 각자가 스스로 경험하고 익힐 수 있도록 별도의 친절한 가이드 책자를 차와 함께 내어준다. 차 메뉴는 가공 방법에 따른 6대 다류를 기준으로 녹차, 백차, 우롱차, 흑차, 블렌드 차 등 발효 정도에 따라 분류해두었다. 차를 이용해 만든 베리에이션 음료와 카페인이 없는 대용차, 가볍게 차와 함께 즐길 수 있는 샌드 쿠키 등의 디저트 메뉴도 오퐁드부아 티하우스만의 특색이다. 차를 처음 경험하거나 어렵게 생각하는 사람들에게 차의 묘미를 느낄 수 있는 더없이 좋은 공간이다.

Type 카페
Add 대구시 달성군 가창면 주리2길 101
Tel 0507-1448-0319
Opening Hours 11:00-20:00, 월 휴무

이에커피,공간

공간 속에서 느끼는 자유로움은 사람들의 작지만 자연스러운 배려가 깃들어야 가능하지 않을까? 공간을 운영하는 사람, 이용하는 사람 모두 말이다. 삼덕동을 거쳐 대봉동으로 이전한 이에커피,공간(이하 이에커피)에 잠시만 머물러도 이런 물음이 부유한다. 성태경 대표가 운영하는 이에커피는 누구에게나 집과 같이 편안한 카페 공간이다. 이에커피를 시작하는 데 동력이 된 것은 바로 이전의 일터이던 한옥 카페 '모가'에서의 5년이다. 독립해 2016년부터 시작한 이에커피는 모가에서 함께 일한 식구들, 한결같이 찾아주던 사람들과의 소중한 시간으로부터 시작된 것과 다름없다. 눈에 띄는 간판 하나 없이 통창으로 마무리한 이곳은 오래전 누군가 지냈을 오래된 타일 건물 1층에서 언제나 오가는 사람들을 반긴다. 규모가 크지 않아도, 개인 좌석이 따로 배치되어 있지 않아도 이에커피에서 커피를 마시고 그 시간을 누리는 사람들은 저마다 자유롭고 편안하다. 성태경 대표가 일하는 자신들과 손님을 '우리'라고 부르는 이유가 드러나는 대목이다. 운영자와 손님은 언제든 서로의 안부를 묻고, 그 안부에는 관심과 배려가 담긴다. 이에커피의 메뉴는 크게 아메리카노와 라떼 단 두 가지로 구성되는데, 단숨에 매출에 기여할 수 있는 시그너처 메뉴를 배제하고 커피 본연에 집중함으로써 지속 가능한 카페를 만들고자 했기 때문이다. 스페셜티 등급의 원두를 사용하는 이유도 우리가 매일 마시는 커피가 어떤 환경에서 자라고, 누가 재배하고 생산하며, 어떻게 가공되어 오는지 알고 마시는 데에 의미를 둔 것이다. 순간순간에 맞는 삶의 태도가 필요하듯, 어떤 공간이냐에 따라서도 채워지는 물건, 사소한 물건의 배치, 드나드는 사람들의 마음과 자세는 달라진다. 이에커피는 오랜 세월이 흐른 뒤에도 '그 공간의 그 사람, 그 커피'로 기억될 테다.

Type 카페 ***Tel*** 010-4163-1310
Add 대구시 중구 달구벌대로446길 31 ***Opening Hours*** 09:00-18:00

Daegu

잔잔바리

동네 주민들의 생활 소리가 들려오고 도로마저 한적한 골목길을 따라 걷다 마주한 파란 기와의 2층 가정집 주택. <응답하라 1988>의 덕선이가 뛰어나올 것만 같은 대문을 들어서면 잔잔바리 식당의 문패가 다소곳이 걸려 있다. 낯선 식당 구조에 호기심을 가득 안고 문을 열면 1970년대 가정집을 떠올리게 하는 원목 바닥과 천장이 그대로 남아 있는 공간에서 사람들이 조용히 식사하는 소리가 들려온다. 삐걱이는 마루를 밟고 들어간 식당은 거실과 부엌 그리고 작은방에 식사를 할 수 있는 테이블을 배치해놓았고, 곳곳에는 옛 감성이 느껴지는 가구와 음반이 자리해 있다. 아기자기하고 감성적인 분위기가 물씬 묻어나는 잔잔바리는 한국 가정식 메뉴를 직접 개발부터 조리까지 담당하고 있는 황희진 대표이자 셰프가 홀로 운영 중이다. 그는 20대 초반 프랜차이즈 레스토랑 미즈컨테이너에서 약 7년간 근무하며 쌓은 조리 경력과 호텔조리과 전공을 살려 자신만의 식당을 오픈했다. 오픈 초기에는 지금보다 더 다양한 메뉴가 있었지만 식당이 자리를 잡아가며 잔잔바리 제육정식, 스테이크 덮밥, 크림 카레라이스, 마늘 새우 오일 파스타 등의 고정적인 메뉴를 선보이고 있다. 특히 대표 메뉴인 제육정식은 동그란 소쿠리 위에 기본 반찬 일곱 가지와 쌈채소가 함께 올라 푸짐함을 자랑한다. 마늘 새우 오일 파스타는 마늘쫑과 오일이 어우러져 향긋하고 담백한 맛이 특징이다. 든든한 한식으로 배를 채웠으면 소화도 시킬 겸 근처에 위치한 대구의 유명한 앞산공원까지 여유롭게 거닐어보면 어떨까.

Type 한식
Add 대구시 남구 안지랑로 21
Tel 010-5896-3226
Opening Hours 수-일 11:30-20:30(월 11:30-15:30), 화 휴무
(브레이크타임 15:00-17:00)

goeul

Daegu

프롬오지

소소하지만 유쾌한 스몰 토크Small Talk가 오가는 곳. 김기도·강다정 부부가 꿈꾼 공간은 그런 곳이었다. 호주의 커피와 디저트, 그리고 그 문화를 생생하게 녹여낸 카페를 만들고 싶어 호주로 워킹홀리데이를 떠났다. 프롬오지의 '오지Aussie'는 '호주 사람'을 뜻하고, 호주에서 지내던 도시를 상징하는 오페라하우스 모양의 로고는 김기도 사장이 직접 그렸다. 기억 속 호주의 흔적을 좇아 만든 이곳에는 호주에 대한 그리움을 안고 찾는 이들이 많다. 현지의 분위기는 물론, 지내면서 경험한 디저트와 커피의 맛을 보기 위해서다. 특히 호주의 디저트는 다양한 식자재로 만드는 게 특징인데, 그중에서도 수박케이크가 가장 대표적이다. 부부가 시드니에서 직접 배워 온 수박케이크는 푹신한 빵과 부드러운 크림, 달콤한 수박의 맛이 조화롭게 어우러져 입안 가득 퍼진다. 머랭으로 만든 파블로바도 인기 메뉴다. 겉은 파삭하고 속은 촉촉하며 갖가지 과일과 패션푸르트, 라즈베리 콩포트의 맛과 향이 입안에 기분 좋게 퍼진다. 호주로 떠나기 전부터 오랜 시간 바리스타로 활동하며 커피 하나만 공부해온 김기도 사장과, 제과에 대한 애정을 가지고 파티시에로 활동하던 강다정 사장이 경험하고 꿈꾸던 '호주 같은' 공간. 대구에는 작은 호주가, 그리고 그곳의 맛을 언제든 느낄 수 있는 프롬오지가 있다.

Type 카페
Add 대구시 중구 동덕로6길 18-13
Tel 0507-1368-9864
Opening Hours 12:30-22:00, 주말 11:00-22:00, 화 휴무

Daegu

피키차일드다이닝

'피키 차일드Picky Child'라는 이름 그대로 별스럽고 까탈스러운 5명의 크루이자 공동 대표가 피키차일드컴퍼니라는 하나의 브랜드 이름으로 진심을 담아 운영하는 이텔리언 다이닝이다. 공간이 사람을 닮아가듯, 피키차일드다이닝 역시 2016년부터 대구 봉산동에서 남다른 음식 문화를 선보인다. 지속적으로 고유의 아이덴티티를 고민하고 변화를 꾀하는 피키차일드다이닝의 현재는 어느덧 두 번째 큰 변화를 마치고 곧 세 번째 변화를 앞두고 있다. 첫 번째는 '차일드'라는 키워드에 맞게 키치하고 밝았다면, 두 번째 변화를 마친 지금은 '다이닝'이라는 키워드에 맞춰 깊이를 더했다. 실제로 다이닝 무드의 넓고 깊은 공간감은 가장 안쪽의 키친에서부터 느껴진다. 스테인리스가 주를 이루는 오프형 키친에서는 날것의 세련된 무드가, 널찍하고 자유로운 테이블 등의 가구 세팅에서는 캐주얼하면서 로맨틱한 분위기가 물씬 풍긴다. 공간의 모습에서 드러나는 아이덴티티만큼 이들이 중요하게 생각하는 것은 바로 음식이다. 비교적 클래식한 이탈리아 음식에 이들의 가치관이 담긴 캐주얼한 플레이팅이 돋보이는 이유기도 하다. 대표 메뉴인 고등어파스타는 생소한 구성일지 몰라도 클래식한 브랜드에서도 만날 수 있는 오리지널리티가 담긴 메뉴다. 익숙한 재료로 새롭게 구성해 이들만의 장르를 만들어간다. 볼로네제딸리아뗄레는 가장 오래된 시그너처 메뉴로, 온갖 향신료를 조합해 오랜 시간과 정성을 들여 완성한다. 살짝 매콤하면서도 특유의 볼로네제딸리아뗄레의 맛을 느낄 수 있다. 가장 '차일드'스럽고 귀여운 메뉴인 피키아란치니는 동그랗고 귀여운 모양에 진한 리소토 맛을 경험할 수 있는 반전을 지닌 메뉴다. 이들만의 본질을 잃지 않는 언어로 다양한 이야기를 만들어가는 피키차일드다이닝. 피키차일드컴퍼니의 크루 5명이 20대에 시작한 피키차일드다이닝은 이들과 함께 새로운 모양으로 다듬어지고 변화하기를 두려워 않는다.

Type 양식
Add 대구시 중구 봉산문화길 43
Tel 010-8998-3408
Opening Hours 11:30-21:00, 월·마지막 주 화 휴무
(브레이크타임 16:00-17:00)

'빵의 도시'라 불리는 대구에는 명인·장인들의 손에서 탄생한
빵이 가득하다. 저마다의 역사와 철학을 지닌 이들이 만들어내는
진짜 **빵** 이야기.

Editor *Cho Jihyun*
Photographer *Jun Yeseul*

빵장수쉐프(빵장수 단팥빵)

통단팥빵(1개) 2,500원
생크림단팥빵(1개) 3,200원

박기태 피쉐프코리아 대표는 2013년 중구 동인동에 빵장수쉐프를 열었다. 열다섯 살에 가출해 빵집에서 일을 배우며 빵과의 인연을 시작했으며, 7번의 실패를 딛고 현재 빵장수쉐프를 운영하고 있다. 이곳의 대표 메뉴인 생크림단팥빵은 적당한 당도와 팥의 부드러운 식감이 특징이다. 우유, 버터, 설탕, 달걀의 양을 줄여 칼로리를 낮추며 건강한 빵을 만들고 있다. 2017년 프랑스 월드 페이스트리 컵에 국가 대표로 출전해 공로상을 수상하고, 2015년에는 대구·경북 프로제빵왕 최우수상을 수상한 제과기능장이 만든 진정한 빵의 맛을 느끼고 싶다면 빵장수쉐프를 추천한다.

ADD 대구시 달서구 대명천로 235
TEL 053-287-0120

삼송빵집

통옥수수빵(1개) 1,800원

1957년 대구 남문시장의 삼송제과로 시작해 3대째 역사를 이어오고 있는 삼송빵집. 풍성한 옥수수 알갱이와 특제 소스로 맛을 내 한번 먹으면 계속 찾게 되어 일명 '마약빵'이라 불리는 통옥수수빵은 삼송빵집의 시그너처 메뉴다. 큰 화재와 서문시장 상권의 침체, 대형 프랜차이즈와의 경쟁이라는 역경 속에서도 꿋꿋이 살아남아 지금은 '대구' 하면 떠오르는 대표적인 빵집으로 자리매김하고 있다.

ADD 대구시 중구 중앙대로 397
TEL 053-254-4064

북성로 공구빵

1세트 4,500원
2세트 8,500원
3세트 12,000원

볼트, 너트, 멍키스패너 모양을 한 공구빵은 공구 거리인 북성로의 전통을 알리고자 만든 빵이다. 북성로는 무려 40년 이상의 경력을 지닌 공구 기술 장인들이 오랫동안 터를 잡고 역사를 이어오던 곳이다. 공예 디자이너로 활동하던 최현석 대표는 북성로의 쇠퇴가 안타까웠다. 그 진귀한 가치를 시민들에게 전달하고 싶었던 그는 공모 사업에 낸 아이디어가 채택되면서 그 뜻을 실현할 수 있었다. 50년 경력의 선일포금 최학용 대표가 만든 주물 빵틀을 이용해 만드는 공구빵은 소금이 들어가지 않은 앵커 버터를 사용해 달콤하면서도 깊은 풍미와 입안 가득 풍부한 식감이 특징이다.

ADD 대구시 중구 서성로14길 79
TEL 010-3077-7465

근대골목단팥빵

원조 단팥빵(1개) 2,000원

1996년 문을 연 근대골목단팥빵은 대구의 먹거리 관광 상품 개발에 앞장서던 부부가 직접 만든 빵이다. 팥은 직접 끓일 것, 방부제는 넣지 않을 것, 추억만 고집하지 않을 것. 이 세 가지는 근대골목단팥빵의 원칙으로 자리 잡아 25년 동안 같은 맛을 유지할 수 있는 원동력이 되고 있다. 둥그렇게 솟은 반달 모양과 그 위에 뿌린 깨는 추억 속 빵을 떠오르게 하지만, 근대골목단팥빵은 추억 그 이상의 새로운 맛을 제공하고자 노력한다. 현대인의 입맛에 맞게 생크림, 녹차생크림, 딸기생크림, 소보루 등을 출시했다.

ADD 대구시 중구 남성로 7-1
TEL 053-423-1883

오월의 아침

도동 서원 황금은행빵(1개) 2,800원
도동 서원 황금은행빵(1세트) 16,800원

대구의 가로수길에는 은행나무가 즐비하다. 독특한 은행잎 모양을 한 황금은행빵은 여기서 착안했다. 대구의 일면을 상징하기도 하는 이 빵은 타이베이의 파인애플 파이인 '펑리수'에서 영감을 받아 만든 것이다. 빵을 먹는 이들이 부자가 되기를 바라는 마음으로 '금金'자를 새겨 넣은 이 은행빵에 들어가는 달콤한 사과잼은 100% 국내산 사과로 만들었다. 대한민국 제과기능장인 김상중 오너 셰프는 제1회 대구·경북 프로제빵왕에 등극하며 대구 빵의 명맥을 잇고 있다.

ADD 대구시 달서구 상인서로 8-5
TEL 053-639-5578

빵!

대구 맛집 요식업계 종사자들이 추천하는, 진짜 숨은 맛집

Editor Bae Danbee, Ha Jiyoung, Cho Jihyun **Illustration by** *Rawpress*

1

동네짬뽕
대구시 중구 달구벌대로447길 77 삼덕청아라리슈빌아파트

"짬뽕, 짜장, 탕수육 세 가지 메뉴에만 집중하는 곳인데 저렴한 가격대와 짬뽕 국물이 기가 막혀요. 한 달에 한 번은 꼭 방문하는 곳이에요."

- 오가닉모가(이승욱)

2

장원식당
대구시 중구 태평로 256

"어르신 혼자 운영하시는 곳이에요. 혼자 뭉티기를 뜨다 보니 하루에 30접시밖에 못 만드시는데, 6시가 되면 다 팔립니다."

- 봉산찜갈비(최병열)

3

달성회집
대구시 달성군 유가읍 달창로26길 162

"하우스에서 직접 농사를 지어 상추고 깻잎이고 고추고 푸짐하게 나와요. 뭐든 풍성하게 내어주니 마음 편하게 실컷 먹고 올 수 있죠. 향어회가 유명해요."

- 산청논메기매운탕(임영숙)

4

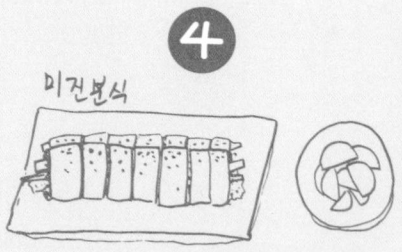

미진분식
대구시 중구 동성로 6-1

"유일하게 사 먹는 김밥집이에요. 맛있다는 김밥을 다 먹어봤지만 미진분식 김밥이 가장 맛있었어요."

- 버들식당(유희옥)

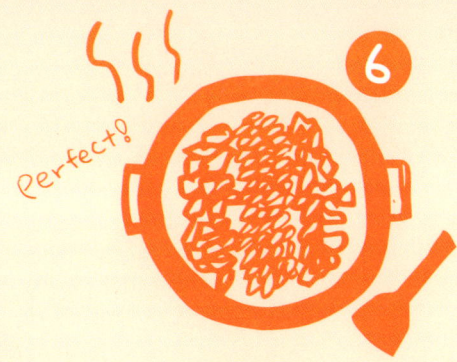

대동면옥

대구시 중구 동산동 180-20

"예전에는 겨울에 영업을 안 했는데,
이전 후 사계절 내내 영업해
더 자주 찾는 맛집입니다.
대구의 대표적 평양냉면 식당으로,
한여름만 되면 조용하던 동네가 대동면옥을
찾는 사람들로 북적이죠."

- 더댄스2017(이동근)

미라식당

대구시 서구 북비산로72길 8

"초등학생 때부터 가던 닭갈비 맛집이에요.
삼삼하면서도 매콤하고 간이 잘 밴 닭갈비는
동치미와 함께 먹으면 최고죠. 볶음밥 역시
식사 마무리로 꼭 맛봐야 합니다."

- 더댄스2017(이동근)

김해통닭

대구시 중구 국채보상로151길 10 동부시장

"5년 전에 살던 집 근처라 찾은
닭불고깃집이에요. 생닭을 팔면서 동네
사람들에게 조금씩 만들어 팔던 음식인데,
맛이 좋아 대기까지 해야 하는
맛집이 되었네요."

- 더댄스2017(이동근)

뉴욕통닭

대구시 중구 종로 12

"말하기도 입 아픈, 이미 너무 유명한 대구의
치킨 맛집이에요. 최근 추석에 산책하다
냄새에 이끌려 한 마리를 사서 해장으로
게 눈 감추듯 먹었어요."

- 더댄스2017(이동근)

시오톤

대구시 수성구 수성로 341

"오징어 먹물을 사용해 튀김옷이 검은색을
띠는 아주 특별한 돈가스를 만날 수 있어요.
대구에서 가장 맛있는 돈가스집이라고
확신해요."

- 고미뗀(김용철)

10

진미숯불돼지갈비
대구시 동구 동부로30길 71-1

"고기를 재우는 방식이 아니라 즉석에서
생갈비를 양념에 한번 발라서 구워줘요.
숯불 향이 잘 배어 고기도 맛있고,
찍어 먹는 소스도 기가 막힙니다."

- 오이쏘이(임주원)

11

삼오리분식
대구시 중구 공평로 26-11 1층

"돼지숯불갈비를 주문하면 김밥이 함께 나오는
분식집이에요. 후추의 칼칼함이 느껴지는
매콤 떡볶이도 꼭 먹어보세요."

- 잔잔바리(황희진)

12

오운
대구역시 남구 앞산순환로 461

"원목 인테리어가 돋보이는 공간으로 한식과
양식이 만난 퓨전 가정식을 만날 수 있어요.
매달 메뉴가 바뀌니 더욱더 좋고요."

- 닷라이브러리(최진영)

하이타이
대구시 중구 공평로 53

"태국에서 먹는 것처럼 맛있는 요리를 맛볼 수 있어요. 비건 옵션도 갖춰 취향에 맞게 골라 먹을 수 있어요."

- 더커인(강경민)

참갈매기&뽈살
대구시 달서구 대명천로 56-1

"집에서 구워 먹기 힘든 뽈살 수육을 파는 곳이에요. 정말 맛있습니다."

- 영래칼국수(이영규)

청도돼지국밥
대구시 남구 대봉로 65

"봉덕시장 안에 있는 돼지국밥집이에요. 국물이 잡내 없이 깔끔한 것이 진국이에요."

- 평화떡공방(최임숙)

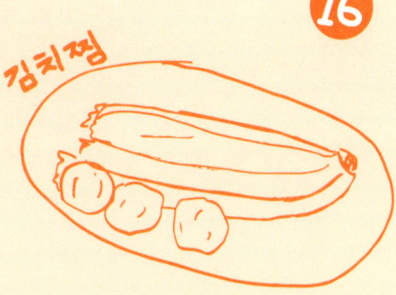

한옥집
대구 중구 동인동2가 108-11

"메뉴 변경 없이 오랜 세월동안 한 자리에서 예전 맛을 유지하는 곳이에요. 김치찜이 유명합니다."

- 왕거미식당(여승재)

YEONGEUN ON THE PLATE

Recipe by *Lee Yunseo* Editor *Cho Jihyun* Photographer *Jun Yeseul*

<연근제철과일샐러드>

뿌리채소를 연구하는 이윤서 셰프는 그중에서도 연근을 가장 좋아한다. 그의 레시피에 유독 연근이 자주 등장하는 이유도 그래서다. 정성스레 내어준 연근제철과일샐러드를 먹고 나니 몸과 마음이 정화된 것 같은 기분이었다. 건강한 재료와 정갈한 마음으로 사람과 자연을 관통하는 그의 요리를 통해 연근의 고장인 대구의 향을 마주한다.

연근 1/2개, 단감 1개, 레드키위 2개, 와일드 루꼴라 50g, 현미유 또는 콩기름(Non-gmo) 적당량, 소금·후추 1꼬집씩

유자청 드레싱

유자청 2큰술, 엑스트라 버진 올리브유 3큰술, 레몬즙 1큰술, 메이플 시럽 1작은술, 소금·후추 적당량씩

---

1. 샐러드 재료는 미리 깨끗이 씻어 준비한다.

2. 연근은 0.5cm 두께로 동그랗게 썬다.

3. 단감은 8등분으로, 레드 키위는 4등분으로 자른다.

4. 강한 불에 프라이팬을 달구고 기름을 두른 후 중간 불로 줄인 다음 연근을 가지런히 올려 타지 않게 노릇노릇 굽는다. 다 구워지면 불을 끄고 소금과 후추로 간을 한다.

5. 작은 그릇에 드레싱 재료를 넣고 잘 섞는다.

6. 샐러드 볼에 단감, 레드 키위, 와일드 루꼴라, 드레싱을 넣고 고루 섞는다.

7. 완성된 샐러드를 접시에 담고 만들어놓은 유자청 드레싱을 뿌린 후 구운 연근을 얹는다.

goeul

"가을이면 가장 먼저 생각나는 채소가 연근입니다. 동글동글한 귀여운 무늬의 단면이 보고만 있어도 기분이 좋아요. 흔히 조림이나 피클로 드시는데, 연근을 얇게 썰어서 구워 먹으면 고소한 맛과 아삭한 식감이 일품이에요. 샐러드에 얹어 먹기도 하고, 스낵처럼 디핑 소스에 찍어 먹기도 하고요. 연근과 함께 가을의 맛과 정취를 느껴보시길 바라요."

DAEGU'S FOOD STREET

Editor *Ha Jiyoung* **Illustrator** *Choi Jinyoung*

향토 음식이 발달한 대구는 내륙지역이라는 지리적 한계를 뛰어넘어 다채로운 식자재를 활용한 음식 문화를 만들어왔다. 도시 곳곳에 분포한 음식 골목을 따라 여행하는 것도 대구를 즐기는 방법 중 하나다.

동인동 찜갈비골목

1960년대 중반부터 동인동 골목 일대에 형성되었다. 마늘, 생강, 고춧가루 등을 듬뿍 넣어 매콤하게 양념한 찜갈비 전문점 골목.

대구시 중구 동덕로 36길 7 일원(동인동1가)

반고개 무침회골목

1960년대 초반 반고개 '진주식당'에서 처음 선보인 새콤달콤한 무침회가 시작이 되어 골목을 따라 무침회 전문점이 늘어섰다.

대구시 서구 달구벌대로 375길 11-1 일원(내당동)

평화시장 닭똥집골목

1972년 인력시장 인부들을 위해 가성비 좋은 닭똥집 튀김 메뉴를 팔기 시작해 오늘날 전국 유일한 닭똥집 골목으로 자리 잡았다.

대구시 동구 신암1동 평화시장 인근

안지랑 곱창골목

2012년 문화체육관광부 주관 전국 5대 음식 테마 거리로 선정된 안지랑 곱창골목은 1980년대 초 양념 곱창 메뉴로 처음 시작되었다.

대구시 남구 대명로 36길 23-1 일원

인동촌 아나고골목

1993년 시작된 아나고골목은 원조 '서울숯불아나고' 식당이 통영 등지에서 싱싱한 아나고를 구입해 와 선보이며 유명해지기 시작했다. 소금구이와 양념구이 등 취향에 맞게 즐길 수 있다.

대구시 서구 북비산로 74길 26-50 일원

논메기매운탕마을

1990년대 초 논메기 양식장을 찾은 낚시꾼들이 잡은 논메기로 매운탕을 끓여주던 것이 시초다. 이후 매운탕집이 하나둘 생기기 시작해 오늘날 마을을 이루었다.

대구시 달성군 다사읍 부곡리 139 일원

goeul

앞산카페거리

1950년 앞산공원이 개발된 이후 앞산순환도로를 따라 자연경관을 바라보며 여유를 즐기기 좋은 음식점과 카페가 모여들며 형성된 카페 골목이다.

대구시 남구 대명로 141 일원

가창 찐빵골목

2000년 '옛날찐빵집'을 시작으로 찐빵 가게들이 들어서기 시작했다. 전국적으로 유명해지면서 하나둘 늘어난 찐빵집들이 가창 면사무소를 중심으로 500m가량 줄지어 있다.

대구시 달성군 가창면 가창로 1063 일원

AUTHENTIC ARTIST IN DAEGU

자연이 준 선물의 쓰임을 찾아 다듬고 매만져 가구와 천으로서 인간의 삶에 스며들도록 그 이음새 역할을 자처한 대구의 명장들.

소목장 엄태조

Editor *Ha Jiyoung*　**Photographer** *Jun Yeseul*

나무는 인류의 삶 속에서 오랜 시간 사용해온 자연의 재료다. 이를 다듬어 인간을 이롭게 하는 일을 하는 이를 목수라고 부른다. 나무를 다스리는 일은 그 사람의 마음을 손을 통해 드러내는 것이라 했다. 나무와 나무를 맞물려 서로 다른 인연을 하나로 엮어주고, 대패질과 톱질을 통해 올바른 만남을 확인하는 작업은 엄태조 장인이 평생을 바쳐온 일이다.

열네 살이라는 어린 나이에 처음 목재와 인연을 맺어 오늘날 국가무형문화재로서 소목장의 삶을 살고 있습니다. 장인님과 나무의 인연은 어떻게 처음 시작되었나요?

여섯 살에 한국전쟁을 겪고 초등학교를 들어간 터라 무엇보다 춥고 배고픔을 면하기 위해 먹고사는 일이 우선이었어요. 농촌 구석에 살던 나는 소를 키우고 풀을 베는 일이 일상이라 공부는 뒷전일 수밖에 없었죠. 하루는 보리를 한 가득 베어 지게에 싣고 집으로 걸어가는데 보리가 자꾸 등을 찔러 따끔따끔한 것이 짜증도 나고 힘이 들더라고요. 그때 고향 형님 한 분이 지나가면서 "너 뭐 하니, 나 서울 가는데!" 하더라고요. 그길로 지게를 집어 던지고 무작정 그 형님을 따라 서울로 향했죠. 그때는 청량리 완행열차 하나뿐이던 때였어요. 짐칸에 몸을 싣고 무작정 올라가 도착한 곳이 서대문구 모래내였죠. 형님은 안경테 만드는 공장에 들어가고, 저는 근처 양가구 목공소의 이부효 목공예사에게 소개해주었어요. 그게 계기가 되어 처음 목수 일을 하게 된 거죠. 그때는 목수 일인 줄도 모르고 시작했어요. 당시 목공소 마당이 몇백 평 되었는데, 처음에는 목수 일을 안 가르쳐주고 마당을 쓸라는 거예요. 빗자루 방향은 이렇게 저렇게 쓸어야 한다 각도를 정해주더라고요. 왜 이렇게 까탈스럽게 알려주나 싶었는데, 알고 보니 목공 일은 모든 것이 반듯한 데서 시작한다는 걸 가르친 거였어요. 그렇게 빗자루질만 한참 하다가 나중에 안으로 들어가 목공 일을 배우기 시작했죠.

정말 우연한 계기로 목공 일을 접하신 건데요, 난생처음 마주한 나무를 만지고 다듬는 일이 어렵진 않았나요?

그때는 일하느라 어려운 것보다 춥고 배고픈 게 힘들었어요.(웃음) 처음 들어간 목공소에서는 3년 정도 있었는데, 당시 용달차가 있던 것도 아니고 모래내에서 신촌까지 리어카를 끌고 자재를 나르던 시절이었죠. 지금은 대목과 소목이 분리되어 있지만, 그때는 그런 구분 없이 목수 한 명이 집도 짓고 가구도 만들었어요. 한데 목공 일을 잡다하게 배워나가면서도 그렇게 힘들다는 생각이 안 들더라고요. 지금 생각해보면 아버지를 닮아 손재주가 있었던 것 같아요. 스승님이 가르쳐주시면 바로바로 배웠어요. 그렇게 서울로 올라간 지 5~6년이 지난 후 대구로 내려와 나의 큰 스승 강대규 선생님중요무형문화재 제55호을 만났죠.

Daegu

가구는 크게 양가구와 전통 가구로 나뉘는데, 장인님은 오랜 세월 전통 가구의 명맥과 전통을 이어가고 계시죠.

처음 서울에 올라와 가구를 배울 때는 양가구 만드는 스승 밑에 있었기 때문에 자연스레 양가구 일을 먼저 배웠어요. 그러다 대구 가구 공장에서 강대규 스승을 만나면서 전통 가구의 매력을 알게 됐죠. 당시엔 옛날 전통 가구를 가져다 손을 봐서 되팔던 목수가 많았어요. 강대규 스승도 그랬고요. 골동품 가구가 더욱 높게 평가를 받고 있었기 때문이죠. 양가구는 합판을 붙여 만들다 보니 세월이 지나면 떨어지고 벌어져 언젠간 못 쓰는 가구가 되는데, 우리 전통 가구는 나무 원목을 그대로 가져와 만들어요. 한 번 만들 때 부품을 세밀하게 맞물릴 수 있도록 짜 맞추는 방식이라 나중에 이음새가 헐거워지면 풀어서 다시 닦고 조립해서 견고한 새 가구로 명맥을 이어갈 수 있거든요. 그 가치는 감히 양가구와 비교할 수가 없죠. 지금도 기억에 남는 것은 나무와 나무를 맞물리게 조립하는 견고한 작업 과정을 보고 충격을 받은 일이에요. 스승님께 감히 물어보진 못하겠고, 몰래 조립된 가구를 풀어서 원리를 들여다보고 다시 조립해놓은 기억이 나요. 그때 처음 든 생각이 '옛날 전통 가구는 한계가 있을 테니 언젠가는 내가 만든 전통 가구의 진가를 발휘할 때가 찾아오겠구나'였어요. 그때부터 전통 가구 만드는 일을 본격적으로 배우기 시작했죠.

서울에서 대구로 작업장을 옮겨 오셨어요. 그러고 보면 옛날부터 대구 불로동에 목공예 작업장이 즐비했죠. 전국 목공예 산업의 메카이자 특화 지역이라고 불리기도 했는데요, 대구에서 목공예 산업이 발달한 배경이 궁금합니다.

1970~1990년대에는 전국의 관광 상품 70%를 대구 불로동에서 만들었어요. 왜 그랬나 생각해보면 첫째 땅값이 저렴했어요. 지금은 근처에 대구국제공항도 들어서 있지만, 당시에는 검단 비행장 바로 밑이라 소음이 심해 아무도 원하지 않는 땅이었죠. 둘째 목공 기계 소리가 워낙 시끄러운데 더 시끄러운 비행기 소리 때문에 이웃에서 잔소리할까 걱정할 필요가 없었어요. 또 팔공산에는 절이 많아서 스님들 목탁과 발우 만드는 공장이 수두룩했거든요. 이런 이유로 팔공산 아래 칠거리 자리에 목공예 가구 단지가 형성된 겁니다. 2004년에는 제가 직접 대경팔공공예사업협동조합을 발족했어요. 목공업체 40~50개 대표와 함께 대구 목공 사업을 어떻게 하면 더 발전시킬 수 있을지 고민하고 논의했죠. 지금도 조합회를 운영 중이고요. 안타까운 점은 젊은이들이 목공예를 물려받으려고 하지 않아 모두 나이 든 노인만 있다는 거예요. 대가 끊기지 않고 잘 유지해나가야 할 텐데 말이죠.

600여 년의 세월이 담긴 고목.

앞서 대목과 소목을 말씀하셨는데요, 각각 맡고 있는 일이 다르다고 들었어요. 어떤 차이가 있나요?

나무를 만지고 다듬는 사람을 목수라고 하지요. 목수에는 대목장과 소목장 두 가지로 나뉩니다. 목장은 크게 집을 짓는 목수로, 옛날에는 역할이 세분화되어 있지 않아 대목장이 처음부터 끝까지 모든 과정을 혼자 다 했다면 지금은 집 짓는 사람, 미장하는 사람, 기와 얹는 사람 모두 따로 세분화되어 있죠. 가구를 만드는 목수인 소목장도 마찬가지예요. 옛날엔 가구를 만들고 칠하고 장식하는 일을 모두 한 사람이 했다면 오늘날에는 아주 세세하게 역할이 나뉘어 있어요. 장롱 만드는 사람, 소반 만드는 사람, 선반 만드는 사람 이렇게요. 저는 주로 안방, 사랑방, 부엌 가구를 만드는 소목장입니다. 이것도 제가 소목장을 하려고 한 것이 아니라 맨 처음 가르침을 받은 스승이 소목장인 터라 자연스레 그렇게 되었지요.

가구 제작뿐 아니라 문화재 복원 및 보수 사업에도 많이 참여하셨어요. 대표적으로 상주 수암종택, 예천 용문사 대장전 윤장대와 영천 은해사 백흥암 극락전 수미단 등이 있는데요, 그중에서도 해인사 '팔만대장경' 판각 보수 작업이 인상적입니다.

지인 중에 해인사 암사 주지 스님이 있었는데, 그 인연으로 사찰 일을 시작하게 되었어요. 해인사에서 판각 보수 주체자를 결정하는 날 현장에 갔더니 대기업 임원들이 와서 서로 하려고 난리더라고요. 지금까지 800년을 버텨온 기둥 나무를 버리고 새 나무로 교체해야 한다는 사람이 있길래 제가 말했죠. "천년을 버틴 나무를 다시 이용만 잘하면 더 버틸 수 있는데 왜 오래된 좋은 것을 버리려 합니까"라고요. 못 믿겠으면 새 나무와 이 천 년 된 나무 강도를 테스트해보자고 했죠. 보여줘야 믿을 테니까요. 그렇게 당당하게 얘기하니 하루 날을 잡아 문화재청 직원과 해인사 담당자가 우리 작업실에 찾아왔어요. 그렇게 의심 많던 사람들이 시커멓게 썩은 고재들이 쌓여 있는 걸 보고는 "인간 엄태조는 못 믿어도 재료를 보니 믿겠다" 하더라고요.(웃음) 그렇게 시작된 복원 작업은 모두 전통 방식으로 진행했어요. 목판 선반을 판각이라고 하는데, 한마디로 책꽂이 같은 것이죠. 전통 방식대로 못 하나 없이 짜 맞추었음에도 팔만대장경의 육중한 무게를 거뜬히 견딜 수 있도록 보수했죠. 나무와 나무를 잇는 방법은 다른 나라에서는 따라 할 수 없는 우리 고유의 전통 방식이에요. 판각의 부서진 부분을 보수하고, 휘어진 부분은 똑바로 펴고, 없는 것은 채워 넣으며 원형대로 복원했습니다. 자랑스러운 일이죠. 1998년부터 2007년까지 9년간 인내와 끈기로 보수 작업을 진행했어요.

2011년 장인님의 첫 개인전을 앞두고 "나무에 대해 알면 알수록 겁이 난다"라고 말씀하신 적이 있죠. 어떤 의미인가요?

제가 목수 일을 시작한 지는 오래되었지만 여전히 자연에서 온 재료를 인간이 조율하고 예측하기 어렵다는 생각에 한 말이었어요. 예전에 박수관 금속 공예가한테 돌, 철, 나무 중에 뭐가 가장 어려운 재료인가 문제를 냈더니 "그야 당연히 나무죠"라고 해서 내가 웃으면서 "당신 명장 자격 있네"라고 말한 적이 있어요. 나무가 다루기 어려운 소재라는 사실을 깨닫기까지 오랜 시간이 걸리는데 이걸 모른다면 목수라 할 수 없죠. 나무라는 게 변질이 참 많은 재료예요. 나무의 성질을 모르고 무작정 가구를 만들었다간 언제 말라 갈라지거나 부서질지 모르거든요. 무늬가 화려하고 아름다운 나무일수록 변질이 많아요. 한옥에 목재 가구를 두면 나무가 숨 쉴 수 있지만, 요즘은 아파트가 일반적 주거 공간이잖아요. 아파트 4층을 넘어가면 목재 가구에 변질이 많이 와요. 나무가 서서히 수축하는 건 괜찮지만 겨울철 보일러 열기로 갑작스럽게 수축하면 나무가 갈라지거든요. 그래서 가구를 구매하러 오는 이에게 이런 내용을 꼭 일러줍니다.

장인의 손을 거쳐 탄생한 가구들.
왼쪽부터 소나무 용문 교의, 소나무 불전함, 먹감 약장, 흑칠 사랑방 가구

마당에 오래된 원목들이 적재되어 있던데 숙성 중이라고 하셨어요. 나무를 숙성시키는 이유는 무엇인가요?

앞서 말한 이야기의 연장선입니다. 나무라는 자연과, 햇빛과 바람, 시간이라는 또 다른 자연이 만나는 과정에서 나무는 자연을 머금고 좋은 나무로 숙성되죠. 숙성에서 가장 중요한 것은 이를 용인하고 관조하며 기다리는 거예요. 여름에는 팽창하고 겨울에는 수축하는 과정을 사계절 동안 여러 차례 겪으면 그 횟수에 따라 강도가 강해지거든요. 저는 기본적으로 6~7년 이상 숙성시킨 오래된 나무를 사용합니다.

장인님에게 나무란 곧 그림을 그리기 위한 하얀 도화지와도 같은데요, 작업을 시작하기 전 다듬어지지 않은 거친 형태의 나무를 볼 때 어떤 마음이 드는지 궁금합니다.

나무에는 선이 있어요. 나무 전체의 선을 이어가야겠다는 생각이 앞서지요. 그래야 그 작품 자체가 반듯해 보이거든요. 모든 나무에는 무늬결이 있는데, 하나라도 틀어지면 반듯함이 깨지고 맙니다. 상하 구별이 확실하고 좌우대칭이 되어야 작품으로 완성했을 때 반듯하지요. 그게 안 되면 작품에도 문제가 생깁니다.

기계를 이용해 훨씬 편리하게 목공 작업을 할 수 있지만 아직도 옛날 기법을 고수한다는 점에서 존경을 표하게 됩니다. 수공을 고집하고 계신 이유가 있나요?

기계는 빠른 작업 속도와 효율성을 줄지 몰라도 가구로 마음을 드러내는 데 무엇보다 중요한 건 정성이라고 생각해요. 자연에서 온 재료와 조선 전통의 얼을 손으로 직접 더듬어가며 자연미를 그대로 살리는 것이 제가 해나가고자 하는 일입니다. 이건 제가 목수가 된 이후로 오늘날까지 지켜온 전통 기법이에요. 저에게 목공 일을 배우러 오는 제자에게도 똑같이 가르치죠. 기본적으로 손으로 나무를 다룰 줄 알아야 기계로도 나무를 다룰 수 있어요. 대패질을 통해 곧음을 확보하고, 톱질을 통해 바름을 정하는 과정을 알아야 하죠. 그 과정이 있어야 나중에 그들도 제자를 가르칠 수 있어요. 그렇지 않으면 가르침이란 불가능하다고 생각합니다.

만약 장롱 하나를 만든다고 했을 때 그 일련의 과정이 궁금해요.

처음에는 가구 구조를 설계합니다. 설계한 뒤에는 어떤 부분에 어느 나무를 쓸지 결정하죠. 자연의 재료와 교감하며 쓰임을 올바르게 찾아내는 것이 목수의 안목과 품격을 증명하는 일이기도 하고요. 그게 결정되면 나무를 재단하고 톱질, 대패질, 끌질을 해서 나무의 조각조각이 맞물릴 수 있도록 조립합니다. 나무와 나무를 맞물려 가구를 만드는 일은 마치 서로 다른 인연을 하나로 엮어주는 것과도 같아요. 짜임과 이음의 정밀하고 반복적인 과정을 거친 후 도장을 하고 장식을 박고 마지막 칠을 하면서 작업은 마무리됩니다.

가구를 만드는 과정에서 장인님이 가장 중요하게 생각하는 부분은 무엇인가요?

첫째 나무를 잘 관리해야 하고, 둘째 작품에 대해 깊이 관심을 갖고 모든 기능을 옛날 기법 그대로 살리는 장인 정신이 필요하죠. 목수라면 이 두 가지를 유념해야 합니다.

긴 시간 '전통'을 잇는다는 것은 장인님에게 어떤 의미일까요? 또 이 길을 먼저 걸어온 목공업의 선배이자 인생 선배로서 전통을 이어가고 있는 아드님에게 조언한다면요?

가문마다 족보가 있듯, 모든 분야에 그런 것이 있지 않을까요. 그런 점에서 목공예만큼은 내가 문화재고 명장이라고 생각합니다. 이 전통 기법을 고수하고 보존하며 다음 세대에게 잘 물려줘야 하지 않나 싶어요. 제가 이 길을 걸어오는 동안 어렵게 살아왔기 때문에 처음에는 걱정이 많았지만, 아들이 이 길로 들어서기로 결정한 이상 아들 엄동환도 이 기능을 제대로 전수해야겠다 하는 정신과 마음가짐으로 살아가길 바랍니다.

자연염색 명인
김지희

Editor *Cho Jihyun* **Photographer** *Jun Yeseul*

예술가이자 교육자인 김지희 명인은 자연염색을 널리 알리는 일에 일생을 바쳐왔다. 현대와 전통을 결합한 작품은 세계인을 매료시켰고, 지금은 오랜 세월 체득한 경험과 비법을 후학들에게 전파하는 데 여념이 없다. 흰 천으로 태어나 몇 번의 물이 들고, 다시 흰 천으로 회귀하는 과정이 인간의 생과 닮았다고 말하는 그에게서 모든 것을 관통한 후의 깊은 숭고함과 유려함을 보았다. 그의 시간이, 곧 자연염색의 시간과 같게 느껴졌다.

어린 시절 천에 쪽이나 홍화로 물을 들이던 어머니의 모습을 선명하게 기억하신다고요. 그날 마주한 광경이 현재 대한민국의 자연염색이 명맥을 이어가는 데 밑거름이 되었다고 해도 과언이 아닌 것 같습니다. 자연염색을 시작하게 된 계기를 들려주세요.

부모님 고향이 창원의 덕산이라는 곳이에요. 어릴 때 그곳에서 자랐죠. 숙모님과 어머님이 길쌈과 염색을 하는 모습을 보면서 자연스럽게 전통 섬유의 제작 과정을 경험했어요. 그 옆에서 따라 해보기도 하면서요. 아버지가 마산에서 사업을 하실 때는 자연을 접하며 자랐어요. 1,000평이 넘는 땅에 아버지의 공장만 덩그러니 있고, 주변은 온통 숲이었거든요. 봄이 되면 꽃이 피는 숲속에서 지내며 도회지와는 다른 삶을 살았죠. 꽃밭을 가꾸기도 하고, 잔디로 우리나라 지도도 만들면서요. 그러니 자연염색을 접하게 된 건 저에게 자연스러운 일이었죠.

일본에서 부교수 자격으로 석사 후 연구원 과정을 밟을 때, 창작 과정에 앞서 일본의 뿌리를 가르치는 일본 대학교의 모습을 보고 자연염색을 떠올리셨다고 들었어요. '공장형 약품염색'으로 인해 전통염색과 멀어지고 있던 당시 우리나라의 상황과 대조되어 아쉬움이 크셨을 것 같습니다.

대학교에서 응용미술을 전공했는데, 대학 교육과정에선 전통을 중요시하지 않더라고요. 서양의 영향을 받아 현대미술을 배웠죠. 그 교육을 받고 부교수가 되었을 때, 우리나라에 없는 게 무엇인지 알고 싶어 일본으로 갔어요. 일본 동경예술대학교 대학원의 상위 과정인 연구원 과정을 수료하기 위해서죠. 일본의 교육은 전통부터 시작되더군요. 민예관에 가서 전통의 뿌리를 배우고, 물건 하나를 사더라도 고미술 시장에 가서 구매하게 하고요. 일본에서 1년 동안 공부하면서 전통부터 제대로 공부하지 않으면 안 된다는 걸 느꼈어요. 한국으로 돌아와선 학생들에게 전통부터 가르치기 시작했습니다. 우리나라의 뿌리부터 배우기 시작하니 학생들은 서구 작품을 모방할 필요가 없는 거예요. 국내에도 좋은 문양과 디자인의 소재가 있다는 사실을 알게 된 거죠. 그렇게 섬유의 종류와 조직도부터 시작해 분야별로 자신들이 원하는 공부를 할 수 있게 됐어요. 단지 최근 트렌드, 즉 사조와 색채가 어떤 흐름인지를 보기 위해서만 서양 서적을 참고하도록 했죠. 전통만 공부하면 외곬으로 빠지기 쉬우니까요.

자연염색박물관에서 김지희 명인이
'보자기에 싼 보자기 오브제(Bojagi Object wrapped up in Bojagi)' 작품의 매듭을 짓고 있다.

우리나라에서는 이미 사라져버린 쪽씨염료 자원으로 재배하는 한해살이풀로 잎을 남색 염료로 사용**를 다시 구해 와 널리 전파하셨다고요. 쪽씨를 가져오신 그 일이야말로 대한민국 자연염색 역사에 길이 남을 사건이라는 생각이 들어요.**

일본에서 염직 과정을 수료하고 돌아오면서 쪽씨 5알을 얻어 왔어요. 쪽씨는 원래 우리 것이었지만 일본으로 건너가고 한국에서는 사라졌기 때문이죠. 그러다 보니 일년초인 쪽씨가 죽지 않게 하려고 부단히 노력하며 가꿔야 했어요. 지금은 동대문에만 가도 쪽씨가 있지만 옛날에는 그게 얼마나 귀했는지 몰라요. 경북과 영남 지역에는 제가, 서울에는 예용해 선생님께서, 경남 지역에는 성파 스님께서 얻어 온 쪽씨로 저변을 확대했어요. 이 세 사람이 얻어 온 쪽씨가 전국으로 퍼진 거죠.

국내 최초로 자연염색박물관을 설립하셨어요. 당시 소유하고 있던 땅을 팔고 퇴직금을 모두 쏟아부어 박물관을 지으셨다고요.

대학교수 자리에서 정년퇴직하기 3년 전부터 박물관 설립을 준비했어요. 박물관 규모가 겉으로 보기에는 크지 않지만, 기와지붕을 올리고 황토벽을 쌓는 등 전통적 방법으로 건물을 짓다 보니 비용이 많이 들었죠. 그때만 해도 박물관을 운영한다는 게 얼마나 어려운 일인지 몰랐어요. 자연염색박물관이니 자연 속에 있어야 한다는 생각에 팔공산 가까이에 지었더니 멀다고 생각해 사람들이 많이 오지 않아요.(웃음)

자연염색박물관에서는 염색 관련 유물을 전시하고 있습니다. 염색의 기초가 되는 도구를 보여주는 민속염직도구실에는 베틀, 물레, 씨아, 다듬이뿐 아니라 염색, 자수, 누비, 매듭, 보자기 등의 민속 자료가 전시되어 있는데요, 이러한 역사적 도구를 모두 어떻게 모으셨나요?

대학교수로 37년간 있으면서 자연염색을 세계에 알려야겠다는 생각에 국제 교류를 시작했어요. 대구시와 문화관광부에 예산을 신청해 국제 전시회를 열었죠. 비용을 아끼기 위해 기획은 직접 했고, 아낀 돈을 초청과 도록, 세미나에 썼습니다. 세계 각지에서 전시회를 보러 왔는데, 반응이 정말 뜨거웠죠. 두 번째 전시회는 프랑스에서 했어요. 프랑스에서 일본을 초청해 티리안 퍼플Tyrian Purple, 붉은빛이 도는 염색제을 이용한 별도 전시를 연 적이 있어요. 근데 저희가 전시회에 내놓은 작품들을 보더니 그러더군요. 일본이 말하기를 자기들이 그렇게 대단하다고 했지만 한국이 챔피언이라며 못 따라간다고요. 그렇게 전시회를 연거푸 네 번 하면서 세계인이 우리나라 유물에 엄청난 관심을 보인다는 걸 발견했어요. 그때 우리나라의 자랑거리는 유물이라는 걸 깨달았죠. 한국으로 돌아오자마자 더 적극적으로 수집하기 시작했습니다. 시고모부터 친정어머니, 시어머니께서 주신 것들을 하나씩 모았어요. 1년에 한 번씩은 권위 있는 고미술 전시회에서 유물을 구입하기도 하고요. 그게 박물관 설립까지 이어진 거죠.

대구는 조선 시대부터 섬유로 유명한 도시입니다. 섬유 역사의 시발점인 동시에 현재까지 '섬유의 도시'라고 불리고 있는데요, 다른 지역도 아닌 '대구'에 자연염색박물관을 설립한 특별한 이유가 있나요?

대구에서 교수 생활을 했기 때문이기도 하지만, 섬유 도시인 대구에 자연염색박물관은 꼭 필요하다고 생각했어요. 박물관을 지은 뒤에는 국제회의를 위한 세미나를 이곳에서 열었어요. 유네스코 국장이 말하기를 김지희 교수는 세계를 통틀어 자연염색박물관을 최초로 차린 사람이라도 하더군요. 그때 자부심도 많이 느꼈고, 그 후 국제공모전에서 감사하게도 1988년 유네스코 올해의 공예상Award of Excellence in Handicrafts을 수상하게 됐습니다.

1. 자연염색박물관에는 명인의 작품과 유물, 기증품 등이 전시되어 있다.
2. 고운 색감의 천들이 나란히 진열되어 있는 모습.

전국을 돌며 아흔이 넘은 할머니들에게 통해 비법 등을 전수했다고 들었습니다. 체계화되지 않은 전통 비법을 정리하는 과정이 쉽지 않았을 것 같은데요, 그 뒷이야기가 궁금합니다.

할머님들은 절대 여러 말씀을 하지 않아요. 제가 혼자 실험을 해보고 잘 풀리지 않던 문제들을 찾아뵙고 여쭤보면 딱 핵심만 알려주시죠. 실제로 여러 번 시행착오를 겪어야 했어요. 잘해놓고 잘못된 줄 알고 버리는 경우도 많았고요. 홍화염색도 국내에서 제가 가장 처음 했으니, 나중에 한 사람들은 비교적 쉬웠을 겁니다. 제가 터득한 방법을 다 공개하고 책도 만들었으니까요.

그렇게 얻은 정보를 후학들에게 널리 보급하셨죠. 독점이 아닌 공유, 개인의 명성이 아닌 자연염색계의 확장을 위해 힘쓰셨어요. 현재 시점에서 자연염색의 미래를 어떻게 바라보시나요?

제가 대학교수가 아니었다면 터득한 비법들을 혼자만 가지고 있거나 집안 후손들에게만 물려줬을 거예요. 하지만 저는 교육자였기에 체득하자마자 대구가톨릭대학교에서 제1회 천연염색 공개 강좌를 했어요. 지금의 인간문화재, 무형문화재, 장인, 명인 대부분이 저한테 배운 사람들이에요. 박물관을 지은 뒤에는 박물관 대학 과정도 진행했어요. 지금은 명인 아카데미를 통해 명인을 발굴하고 있고요. 대학교수를 할 때도 학생들이 강사로 일할 수 있도록 애썼죠. 후학을 양성하고 싶었거든요. 자연염색의 미래에 대해서도 계속 주장하고 있는 것이 있어요. 대량생산하는 사람들은 그대로 업을 이어가되 대신 값이 싸야 하고, 수공예하는 사람 또한 그대로 이어가되 수고를 들인 만큼은 제값이 매겨져야 한다는 거예요. 이 둘이 양립해야만 성공할 수 있다고 생각합니다. 또한 인도나 방글라데시, 베트남은 인건비가 싸기 때문에 수공예품을 대량으로 금방 만들어내요. 반면 우리나라는 인건비가 비쌉니다. 그렇기 때문에 우리는 예술화를 하지 않으면 안됩니다. 다른 곳에서 따라 할 수 없는 걸 해내야 하는 거예요. 이 업계는 대량생산이 아닌 수공예적인 방향으로 가고 있어요. 그리고 결국 끝까지 살아남는 것은 수공예라고 생각합니다. 자연염색은 하나의 공예품으로서의 역할을 하는 만큼 더 귀할 수밖에 없어요. 공산품은 수공예의 손맛을 따라잡기가 어렵습니다.

천이 있어야만 염색이 완성되지만, 염색하지 않은 천은 아름다움과는 거리가 있어 보입니다. '닭이 먼저인지, 알이 먼저인지'의 논제처럼 말이죠. 명인님이 느끼는 천과 염색 사이의 중요도는 조금 다를 것 같은데요, 자연염색자에게 천이란 어떤 존재인가요?

인간이 빈 몸으로 태어나듯이, 자연염색도 처음에는 흰 천으로 시작해 물이 들어요. 자연염색의 특성상 물이 들면 금세 바래요. 옛날에는 이 바랜 천에 다시 물을 들이고, 천이 해지면 기워 입고, 또다시 바래면 물들이는 작업을 반복했습니다. 하지만 천은 바래면 바랜 대로 아름다워요. 화학 염료와 달리 바랜 색깔이 아름답습니다. 그 모든 과정을 반복하면 결국 천은 다시 하얗게 돼요. 빈 몸으로 태어난 인간이 빈 몸으로 세상을 떠나는 것과 같죠. 결국 자연의 섭리, 인간의 순환과 같은 것이 자연염색이에요.

1980년대 후반부터는 보자기 작업에 집중해 보자기 연작을 발표하셨다고요. 그중에서도 쪽·오배자·감 등 열매를 이용해 염색한 산수 그림 보자기는 마치 천 속에 산의 정기가 살아 숨 쉬듯 고요하고도 광활하며, 묵직한 분위기가 느껴졌습니다. 특히 보자기에 집중하신 이유가 무엇인지 궁금합니다.

'보자기+시그마(무한대)' 작품은 생명의 영원성을 뜻해요. 옛날 여인들은 아이가 태어나면 보자기에 감싸 안았어요. 그 뒤에는 옷을 보관하기도 하고, 음식 덮개로 사용하기도 했죠. 기능이 굉장히 많아요. 옛날에는 가구 대신 사용한 게 보자기예요. 옛날 여인들은 보자기를 만들며 염원했어요. 부모가 건강하기를 바라고, 자식이 잘되기를 바라는 마음으로 바느질을 이어갔죠. 희망을 구하는 그 마음, 즉 희구성을 작품으로 표현하고 싶었어요. 제 작품 속에서 생명이라는 건 달걀이 대치될 수도 있고, 과일이 대치될 수도 있어요. 아이도, 달걀도, 과일도 그 모든 게 생명이니 보자기 안에 담으려 했죠. 예술이라는 건 계속 새로운 것을 창조해야 하는 거예요. 한 가지에 머물러 있어서는 안 돼요.

닥보자기+시그마(Wrapping clothe of Paper mulberry+Sigma)
자연 염료, 합성 염료, 프라스틱 염색, 한지 펄프 조형 160X140cm, 1995
ⓒ자연염색박물관

<u>여러 장의 천을 이어 붙인 듯한 조각보 작품 '쪽-보자기'는 현대적 패턴으로 기존의 평면적 이미지를 벗어나 입체적이고 활동적인 작품으로 인정받고 있어요. 이처럼 현대미술과 접목함으로써 이야기하고자 한 것은 무엇인가요?</u>

제가 인간문화재를 하지 않은 이유는 인간문화재가 되면 전통만 해야 하기 때문이에요. 현대미술을 접목하지 못하고 옛날 작품을 재현하는 데에서 그쳐야 하죠. 외국에서 저를 초청할 때 제가 전통만 고집했다면 초대하지 않았을 거라고 하더라고요. 전통에 뿌리를 두고 현대미술을 했기 때문에 외국에도 우리나라의 예술을 알릴 수 있었다고 생각해요. 1980년대 시대사조는 작품의 기법이 벽에서부터 나오는 시기였어요. 평면에 그린 그림이나 자수가 아닌 설치미술적인 것이죠. 1990년도 초에는 다시 벽으로 회귀했고요. 그러한 사조를 작품에 반영하고자 했어요. 가죽과 칠보를 이용해 대작을 만들기도 했고요. 재료에 한계를 두지 않고 작가가 할 수 있는 건 뭐든지 해도 된다고 생각한 거예요. 이렇듯 시대사조를 무시해서는 안 돼요. 시대가 각박할 때는 색채의 흐름도 그 사조를 따라가기 마련입니다. 세계 사람들이 곧 사조예요. 리드미컬하게 변화하죠. 우물 안 개구리가 될 수는 없잖아요. 하지만 제가 어떤 자리에서 작품을 작업하느냐에 따라 달라요. 명인으로서 활동할 때는 전통적인 것에, 작가로서 활동할 때는 현대적인 것에 중점을 둡니다.

대부분의 사람에게는 '천연 염색'이라는 말이 더 익숙하죠. 자연의 미를 뿌리로 둔 우리의 전통염색은 '자연염색'이라고 표현해야 한다는 명인님 말씀이 인상적이었습니다.

첫째로 천연은 말은 일본에서 처음 사용한 말이에요. 동시에 '천황의 나라'라는 뜻도 내포하고 있으니 더더욱 써서는 안 되겠다고 생각했죠. 저도 처음에는 천연 염색이라는 용어를 썼어요. 근데 염색에 대해 연구하던 교수님들이 이 용어는 일본 냄새가 짙으니 쓰지 않는 것이 좋다고 하더군요. 그때부터 자연염색이라는 단어를 사용하기 시작했어요. 둘째로는 천연이라는 단어에는 '있는 그대로'라는 의미가 담겨 있어요. 그렇기 때문에 창작이 있을 수가 없는 거예요. 인간의 심성이나 창작 의욕 같은 것이 천연하고는 맞지 않는 것이죠. 예술과 관계없이 염색하시는 분들은 천연 염색이라고 해도 괜찮지만, 나는 예술가이기 때문에 그렇지 않아요. 예술가를 희망하는 분들 또한 자연염색이라고 써야 한다고 생각하고요. 그런 면에서 자연염색은 우리나라가 시초였어요. 스스로 자라난 나무 한 그루는 천연이지만, 우리는 홍화도 잡초도 모두 직접 재배하기 때문에 천연과는 무관한 것이에요. 인간의 힘이 들어간 건 자연산이라고 하지 천연산이라고 하지 않아요. 천연은 비예술에 속하는 것입니다.

공산품이 넘쳐나고 세상은 빠르고 간편한 것들을 중심으로 급변하고 있는데요, 자연염색은 그와 대척점에 서 있는 것 같습니다. 후학과 대중에게 전하고 싶은 자연염색만의 가치는 무엇인가요?

화학 염료가 나오기 전에는 다 자연염색을 했어요. 우리의 어머니와 할머니들은 식물에서 나오는 염료를 가지고 명주 저고리를 만들어 입고, 낡으면 다시 색을 물들이고, 재봉틀이 없으니 직접 바느질을 했죠. 손으로 하는 정성이 있는 거예요. 자연염색박물관에는 어르신들을 대상으로 하는 수업이 있어요. 그분들은 손으로 하는 것을 굉장히 좋아하세요. 정성 들여 자연염색하는 것을 말이죠. 아까 이야기한 것처럼 자연염색은 처리를 잘못하면 색이 쉽게 빠져요. 하지만 네 번 정도 작업을 반복하거나 복합 염색을 하면 염료가 절대 빠지지 않죠. 이 모든 게 인내의 과정이기도 해요. 보통 공산품과는 다르게 해석하며 애정을 가지고 직접 만들어보는 데에 의의가 있죠. 그게 중요해요. 독자에게 이 말을 꼭 하고 싶어요.

# A park in the City.

내가 만난 도시공원

Editor *Ha Jiyoung*
Photographer *Jun Yeseul, Jung Kihun*

사계절 중 여름 태양 볕이 유독 더 강렬하다는 도시 대구에는 4개의 도시공원이 있다. 달성공원, 두류공원, 앞산공원, 대구수목원은 대구시가 녹지와 시민의 휴식공간을 조성하기 위해 가꾸어온 공원이다. 잎이 우거진 나무 아래서 도시락을 나누어 먹거나 분수대에 둘러앉아 분수 쇼를 관람하는 사람들, 공원 언덕에 두 팔 벌리고 누워 하늘을 온 마음으로 품고 있는 청년, 삼삼오오 둘러앉아 바둑을 두고 있는 노인들 모두 공원 안에서 각자의 자유와 행복을 만끽하고 있었다. 돌이켜보면 나는 언제나 공원 안 사람들의 모습을 관찰하고 포착하는 순간을 즐거워했다.

내가 처음 만난 도시공원은 도쿄 신주쿠 공원이었다. 때와 장소를 불문하고 언제 어디서든 편하게 산책하러 가곤 하는 공원을 입장료를 내고 들어간다는 사실이 지금도 조금은 신기한 기억으로 남아 있다. 영화 <언어의 정원>에서 여자 주인공이 맥주에 초콜릿을 곁들여 먹던 그 벤치를 보러 간 것인데 이미 누군가 벤치에 앉아 책장을 넘기고 있었다. 비가 내린 후의 신주쿠 공원은 선명한 초록을 띠었고, 고개를 들면 공원 옆 우뚝 솟은 고층 빌딩이 보였다.

여행지에서 만난 두 번째 도시공원은 밴쿠버 스탠리 파크였다. 남산공원의 4배에 가까운 큰 공원으로, 하루는 사랑하는 사람과 자전거로 공원 외곽 도로를 달리며 수영.인라인스케이트.러닝 등 다양한 레저를 즐기는 사람들을 구경했다. 또 다른 날엔 혼자 배낭을 둘러메고 공원 중심부로 이어진 산길을 올랐는데 공원 속으로 빨려 들어가듯 걷다 커다란 호수를 마주했다. 캐나다 특유의 뾰족한 나무들과 광활하고 아름다운 호수 풍경에 매료되어 밴쿠버에 머무는 동안 그곳은 나의 아지트가 되었다.

여행지에서 만난 세 번째 도시공원은 뉴욕 브라이언트 파크였다. 높은 빌딩들 사이에 너른 잔디밭이 있다는 건 뉴요커에게 크나큰 위로처럼 느껴졌다. 공원에 앉아 일하는 사람, 양복 차림으로 잔디에 누워 휴식을 즐기는 사람, 벤치에서 점심을 먹는 사람, 잔디 위에서 요가를 하는 사람…. 아스팔트 도로와 공원 잔디의 거리는 열 걸음이 채 되지 않았다.

여행지에서 마주한 도시공원은 나를 새로운 세상으로 이끌었다. 처음 가본 도시의 사람들이 공원을 즐기는 법을 관찰하는 일이 즐거웠다. 머지않아 그 속에 동화된 나의 모습을 발견하면 그것마저 즐거웠다. 공원은 멀지 않은 곳에서 언제나 우리를 기다리고 있지만 우린 그 사실을 종종 잊고 살아간다. 바쁜 일상에 지쳐 너그러움도, 여유로움도 잃고 사는 우리를 언제든 넓은 가슴으로 품어줄 텐데 말이다.

goeul

Daegu

goeul

Daegu

대구의

Editor *Cho Jihyun*
Illustrator *Bak Isoo*
Photographer *Jun Yeseul*

근대 역사를 간직한 대구의 골목 풍경은 몇백 년의 시간이 무색하리만큼 생생하다. 골목에 새겨진 대구의 역사와 문화를 직접 마주해보자.

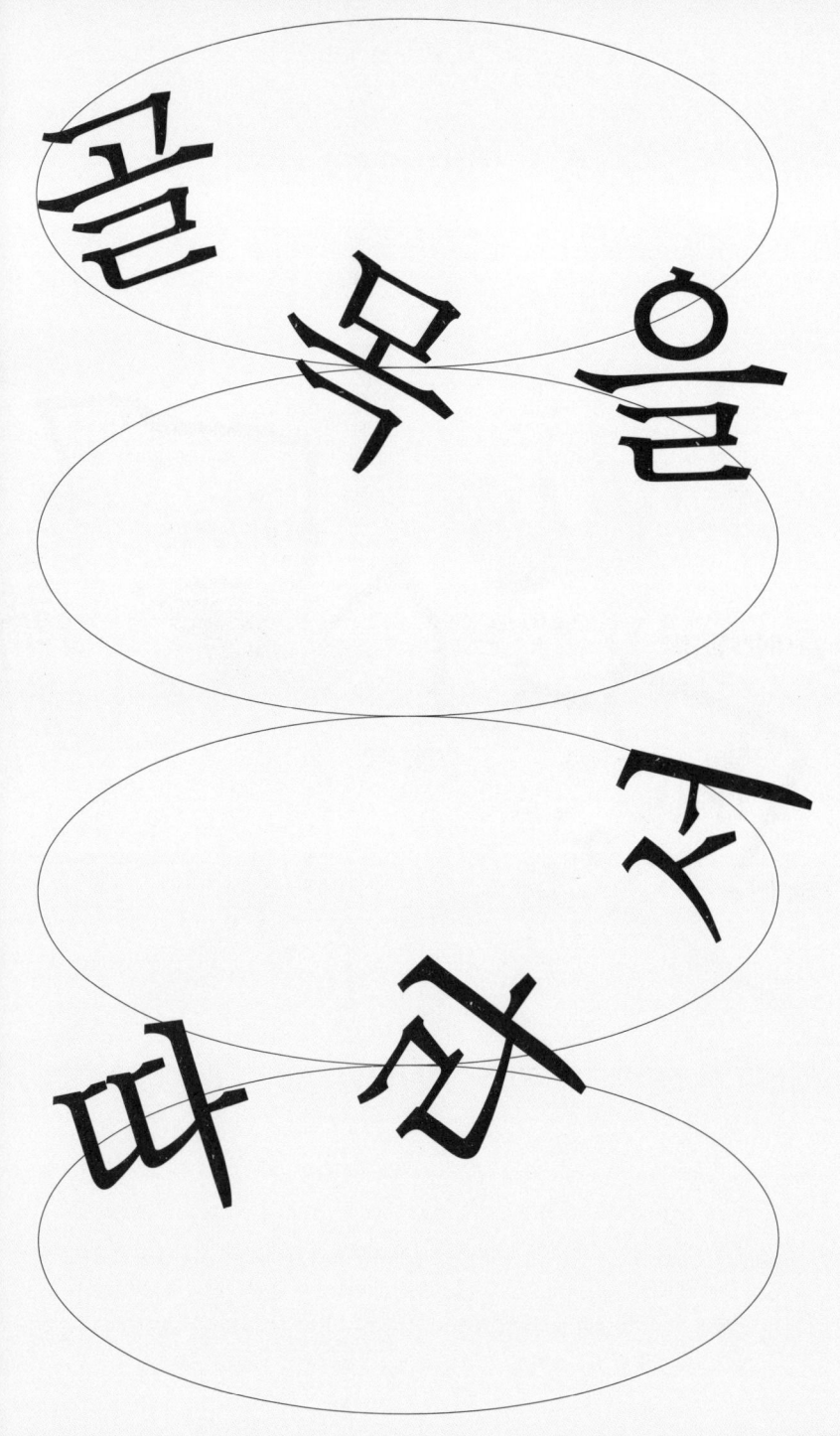

Daegu

근대문화골목

대구는 타 지역에 비해 한국전쟁의 피해가 적었다. 그 덕에 건축물이나 생활양식이 훼손되지 않아 20세기 초 근대 문화 역사의 산증인 역할을 하고 있다. 옛 선교사들이 생활했던 주택을 구경할 수 있는 청라언덕과 근대 건축양식이 녹아 있는 대구제일교회, 400년의 한의약 역사를 접할 수 있는 약령시한의약박물관, 근대 대구의 모습이 선명한 진골목까지. 대구 근대 문화의 발자취가 이곳에 있다.

goeul

삼덕봉산문화길

삼덕봉산문화길에는 젊음의 열기와 예술의 온기가 살아 숨 쉰다. 갤러리와 골동품 가게, 표구사들이 모여 있는 봉산문화거리와 1907년 서상돈이 주축이 되어 전개한 국채보상운동을 기념하는 국채보상운동기념공원, 대봉동에서 태어난 가수 김광석을 기억하기 위해 조성한 김광석다시그리기길 등 대구의 문화가 빼곡히 기록되어 있다.

goeul

남산100년향수길

대구 근대의 종교 문화를 살펴볼 수 있는 남산100년향수길. 그중에서도 천주교의 고결하고 숭고한 정취를 느낄 수 있는 샬트르성바오로 수녀원과 성모당, 성유스티노 신학교는 여유로운 걸음으로 만끽하기 좋은 공간이다. 또한 1815년 을해박해 등 천주교 탄압이 거듭되며 순교한 신자들을 추모하기 위해 지은 관덕정 순교기념관에서는 저절로 경건한 기운이 차오른다.

goeul

Daegu

ORIENTAL MED

Editor *Ha Jiyoung* **Photographer** *Jun Yeseul, Shin Umi*

CINE

CULTURE

MARKET

예부터 우리 조상들에게 서로의 건강과 안녕을 기원하는 일은 중요한 의식이었다. 귀한 한약재를 구해와 오랜 시간 정성껏 달여 가족과 나의 몸을 보살피는 일은 예나 지금이나 크게 다르지 않을 테다. 363년 전통의 약령시는 한약재를 전문으로 유통·판매하는 재래시장으로, 대구에서 오랜 시간 자리하며 한약재를 사고파는 이들을 통해 전국 8도로 뻗어나가 오늘날까지 민족 고유의 문화유산으로 명맥을 유지하고 있다.

약령시의 역사

대구약령시는 조선 효종 9년(1658년)에 효율적인 약재 집산을 위해 시행한 국책 사업의 일환으로 경상감사 임의백이 개설한 대표적 전통 한약 시장이다. 2001년 한국기네스위원회에서 국내 최고 약령시로 인증받았으며, 2004년에는 한방 분야 최초로 한방특구로 지정받아 유·무형적 가치가 큰 귀중한 문화유산이다. 효종 9년 당시에는 1년에 두 번 봄과 가을에 대구성 북문 객사 뜰에 개설하다가 1908년 일제가 대구 성벽을 철거하면서 현재의 위치로 이전했다.

일제강점기 독립운동에 필요한 자금 조달과 연락 거점이 되면서 지속적으로 탄압을 받던 약령시는 결국 1941년부터 4년간 폐쇄되었다가 광복 후 재개했으나 1950년 한국전쟁으로 다시 폐지되었다. 이후 한국전쟁이 끝난 뒤 현재의 약령시 골목에 보다 안정적인 형태로 골격을 갖추어 터를 잡았다.

현재 약령시는 남성로와 동성로3가, 계산1·2가, 수동, 종로2가, 장관동, 상서동 일부를 포함하는 전장 715m의 도로변을 따라 많은 한약재 상점이 늘어서 있다. 중앙대로와 달구벌대로를 가로지르는 도심에 있어 오가며 들르기 좋은 곳에 자리 잡고 있다.

약령시의 과거와 현재

오늘날에는 약령시가 하나의 골목을 형성하며 한약재가 필요하면 언제든 찾을 수 있는 상설 시장이 되었지만 이전에는 달랐다. 1658년 무렵부터 시작된 약령시는 해마다 정해진 날에만 열렸는데, 개시 때마다 약상과 의원을 비롯한 전국의 한의약업인과 지역민이 한데 모여 어우러지는 한방 시장이자 축제의 장이었다. 산과 들에서 채집한 귀한 한약재를 정성스레 다듬고 말려 판매하러 오는 약상과 어머니, 아버지, 아들, 딸 가족에게 건강에 좋은 한약재를 먹이겠다며 구하러 나오는 시민들은 약령시가 열리는 날만 손꼽아 기다렸다. 약령시를 찾는 이가 전국에서 몰려오니 여각오늘날의 여관은 내어줄 방이 없을 정도였다. 커다란 아치형 솔문을 만들어 축제 분위기를 한껏 끌어 올리며 발 디딜 틈 없이 북적북적 활기를 이루던 약령시. 주변 음식점과 술집에는 한약재라는 주제 하나로 이야기를 나누며 밤을 새우는 사람도 있었다.

이렇듯 약령시는 과거 정해진 날에만 볼 수 있었던 성대한 한약재 축제를 부활시켜 1978년 제1회 한방문화축제를 열었으며, 지금까지 매년 5일간 약령시 골목에서 조선 시대 약령시 개장행사를 현대적으로 승화시켜 개최해오고 있다.

대구 약령시 기원설

　전국 8도 중 하필 경상북도 대구에서 한약재 시장이 발달했다는 사실을 처음 듣는 이는 모두 하나같이 고개를 갸웃한다. 363년 동안 명맥을 유지해온 약령시는 어떻게 국내 최초로 대구에 개설되어 오랜 세월 존속하고 있을까. 약령시 기원설은 일제강점기부터 분분했다. 오늘날까지 제기된 대구 약령시 기원설은 다섯 가지가 전해지는데 그중 대표적인 것으로 중국 조공설, 일본 수출설 그리고 대시설이 있다. 먼저 일본의 조선 약재 수요가 증가함에 따라 수출용 약재의 효율적 생산과 매집을 위해 지리적으로 가까운 대구에서 약령시가 발전했다는 일본 수출설이 있다. 중국 조공설은 당시 조선이 외교 관례상 청나라에 여러 가지 물품을 보냈는데 경상도에서 풍부하게 재배되던 약재도 그중 하나인 바, 이의 효율적 조달을 위해 대구에서 정책적으로 약령시를 개설했다는 것이다. 마지막 대시설에 따르면 개설 동기가 애초부터 국가정책의 필요성에 있었기 때문에 국가기관이 지원하는 대규모 중개상이 개입하면서 약령시가 생겨났다고 전해진다.

goeul

Daegu

한방문화축제

Photo Courtesy of (사)약령시보존위원회(대구약령시한의약박물관)

 한방문화축제는 개막식을 열기 전에 반드시 고유제를 먼저 지낸다. 전통 제례악 공연에 맞춰 약령시 관계자들이 제례 의복을 갖춰 입고 초草, 근根, 목木, 피皮를 한약으로 처음 쓰기 시작한 염제 신농神農.고대 중국의 농업과 의약 신을 기리며 시민의 건강과 안녕을 함께 비는 것이다. 제사가 끝나면 개막식을 시작하는데, 약령시 최고 권위자가 어지御旨.임금의 뜻을 이르는 말를 받들기 위해 나라님이 있는 방향으로 절을 네 번 올린다. 그렇게 축제의 시작을 알리는 개막식을 마치고 나면 5일간 이어지는 한방문화축제가 골목 이곳저곳에서 펼쳐진다. 시민들이 한약재를 좀 더 가깝고 친숙하게 느낄 수 있도록 한방 샤워 바 만들기, 약초꽃 홈 가드닝, 디퓨저&룸스프레이 만들기, 한방 족욕제 만들기, 한방 퀴즈왕 등과 같은 다채로운 행사를 구성해 한 해도 빠짐없이 개최하고 있다.

고유제

한약재썰기경연대회

야외 한방 족욕 체험

THE ORIGIN FROM DAEGU

Editor *Bae Danbee* **Photographer** *Jung Kihun, Jun Yeseul*

1. MIES_container
2. HOSIGI 호식이두마리치킨
3. SEOGA&COOK
4. 커피 명가
5. mexicana Chicken
6. 두마리 찜닭

goeul

대구에서 탄생해 전국적으로 규모를 확장한 대구 오리지널 요식업 브랜드 11곳.

1. 미즈컨테이너
1997년 대구대학교 내 학생식당에서 작은 치킨 가게로 시작한 퓨전 아메리칸 레스토랑. 두건을 쓴 점원들이 고객과 하이파이브를 하며 바비큐 플레이트, 샐러드 스파게티 등 참신한 메뉴를 낸다.

2. 호식이두마리치킨
1999년 대구에서 업계 최초로 한 마리 가격에 두 마리를 주는 획기적 아이디어로 개업해 현재 1,000호점 개설을 달성하며 대표적 치킨 브랜드로 자리 잡았다. 매운양념소스치킨과 매운간장소스치킨이 시그너처 메뉴다.

3. 서가앤쿡
2006년 대구 동성로 '서가'라는 이름의 10평 남짓한 양식 레스토랑으로 시작해 80여 개 매장을 운영하는 대형 프랜차이즈로 성장했다. '2인 1메뉴'라는 푸짐하고 새로운 음식 문화를 만들었다.

4. 커피명가
1990년 경북대학교 후문에 처음 문을 열어 대구에서 꼭 맛봐야 하는 대표적 지역 커피 전문점으로 자리 잡았다. 1992년 자가 로스팅을 시작했고, 2007년부터 프랜차이즈 사업을 운영했다.

5. 멕시카나치킨
1989년에 문을 연 멕시카나치킨은 1990년 100호점을 오픈하며, 현재 가맹점 약 900개를 운영하는 대표적 치킨 브랜드다. 양념치킨이 대표 메뉴이며, 끊임없는 도전 정신으로 이색 메뉴 개발에 열정적이다.

6. 두찜
2016년에 전국 최초로 '두 마리 찜닭'이라는 콘셉트로 문을 열었다. 한 마리 가격에 두 마리 찜닭을 제공하는데, 가성비 있는 맛있는 닭 요릿집으로 알려져 전국으로 확장 분포한 가맹점만 현재 550호점을 돌파했다.

7. 삼송빵집

1957년 남문시장에서 시작해 3대를 이어온 삼송빵집은 대구를 대표하는 추억과 역사의 빵집으로 많은 사랑을 받고 있다. 전국에 직영 매장 22개를 운영하고 있으며, 맛있고 건강한 빵이라는 기본 원칙을 고수한다.

8. 신전떡볶이

1999년에 시작해 2002년 첫 직영점인 신전떡볶이 대백직영점을 열었다. 현재 가맹점 700호점을 돌파했다. 후추 소스를 기본으로 한 얼얼하면서 칼칼한 매운맛으로 떡볶이의 새로운 역사를 쓰고 있다.

9. 땅땅치킨

2004년에 개업한 땅땅치킨의 전신은 1996년에 설립한 '참마음식품'이다. 가맹점 300호를 돌파하며 탄탄하게 브랜드 입지를 쌓고 있다. 베스트 메뉴로는 단품 메뉴인 허브순살치킨과 세트 메뉴인 진리의세트3번이다.

10. 토끼정

크림카레우동을 필두로 일본 가정식의 선풍적 인기를 이끈 토끼정은 정갈하고 맛있는 요리를 선보여왔다. 서가앤쿡과 미즈컨테이너가 2015년에 한마음 한뜻으로 손잡고 만들었다.

11. 처갓집양념치킨

대구 치킨의 역사라 칭할 수 있는 처갓집양념치킨의 시작은 1988년이다. 양념통닭의 1인자로 불리는 처갓집양념치킨의 양념은 국내산 생야채 10여 가지, 프락토올리고당, 천연 벌꿀로 완성한다.

SHAPE AND COLOR OF THE CITY, DAEGU

Editor *Ha Jiyoung*

Thanks to 고스트북스, 류은지, 샌드위치페이퍼, 타바코북스, 미늄킴

Ghost Books

2020년 독립 서점 '고스트북스'에서 전개한 <대구의 모양과 색> 전시를 통해 대구의, 대구에 의한, 대구를 위한 작가 4명의 세계를 엿보았다.

지역 서점이자 독립 출판사인 고스트북스는 김인철·류은지 작가님 두 분이 운영하고 계시죠. 두 분은 어떻게 처음 대구에 자리를 잡았나요?

류은지 작가는 서울에서 작가 생활을, 김인철 작가는 울산에서 회사 생활을 하다가 각자 삶의 쉼표를 찍기 위해 돌아온 고향 대구에서 처음 만났어요. 저희가 함께 할 수 있는 일이 무엇일까 고민하며 1년여의 준비 기간을 거쳐 2017년 4월 고스트북스 서점을 오픈했죠. 류은지 작가는 평소 그림 작업을 하며 편집, 외주 일러스트 및 강연을 하고, 김인철 작가는 에세이와 단편소설 그리고 고스트북스 출판물의 교정·교열·번역 작업을 맡고 있습니다.

현지인이 바라보는 대구는 어떤 도시인가요?

대구의 젊은 세대는 학교를 졸업하면 곧 다른 지역으로 일자리를 찾아 떠나는 편이에요. 개인 사업자 혹은 전문직이 아닌 이상 일반 회사원으로 대구에 정착하는 것은 쉽지 않은 일이거든요. 그런 점에서 대구가 '젊어' 보이는 면이 사실은 굉장히 제한적인 모습이라고 할 수 있어요. 또 전국에서 손꼽히는 커피 브랜드 문화나 다양한 식도락 문화는 물론, 젊은 세대가 주축이 되는 '문화 향유 인구'가 만들어낸 결집력도 무척 강해요. 그에 비해 누릴 수 있는 문화의 다양성이 적어 한정적인 면면만 소비된다고 할 수 있죠.

그런 대구에서 책방을 운영하며 개인 작업도 함께 이어가고 있는데요. 이 도시에서 어떠한 영감을 받고, 또 그 영감으로 어떠한 작업물을 풀어내고 있는지 궁금해요.

대구는 화려한 도시의 이미지도 있지만 조용하고 평화로운 자연의 모습도 지니고 있어요. 복잡한 도심에서 살다 보니 어느 순간 자연 속에서 조용히 살고 싶어지더라고요. 그렇게 몇 년 전 대구 외곽의 조용한 시골 가창면으로 이사 왔는데, 대구 토박이인 저희에게도 대구의 또 다른 모양과 색을 보여주는 거예요. 가끔씩 찾아오는 새로움은 잊고 있던 무언가를 다시금 상기시켜주고 이는 마치 모양과 색을 가만히 응시하다 또 다른 모양들이 떠오르는 일과 같죠. 바로 그 지점에서 새로운 이야기가 시작돼요. 한 번도 시골에서 살아본 적이 없어서 이곳으로 이사 온 뒤로 새로운 것을 많이 느꼈거든요. 대구의 자연에서 받은 영감을 담아낸 책이 <은지의 하루만화>(고스트북스, 2020)예요. 가창면에서의 생활을 잔잔하게 그린 시집 같은 그림책입니다.

고스트북스에서는 2020년 대구를 기반으로 활발하게 활동하는 일러스트레이터 류은지, 타바코북스, 미늉킴, 샌드위치페이퍼 네 분과 <대구의 모양과 색(shape and color of the city, Daegu)>이라는 전시를 진행했죠. 류은지 작가님은 전시 주최자이자 참여자였고요. 이 전시는 처음에 어떻게 기획했나요?

종종 어릴 적 보았던 대구의 모습과 지금 모습이 많이 다르다고 생각하곤 했어요. 류은지 작가를 포함해 전시에 참여한 네 명의 작가 역시 그런 변화가 있지 않을까 싶었어요. 그렇다면 이 시점에서 '우리가 함께 표현해보면 어떨까'라는 생각에서 이 전시를 기획하게 됐습니다. 이 도시의 모양과 색은 서로 어떻게 다를까? 어떤 이야기가 있을까? 이걸 보는 우리 세대는 또 어떤 시각으로 이 도시를 바라보게 될까? 하면서요. 많은 사람이 우리의 전시를 통해 비슷한 물음을 던졌으면 좋겠다고 생각했고요.

전시를 기획하고 진행하는 동안 유독 기억에 남은 순간이나 장면이 있나요?

네 명의 작가에게서 도착한 작업물을 보며 작가 노트를 읽어 내려가던 순간이 기억에 남아요. 늘 가까이 지내던 작가들이지만 이 도시에 대한 기억은 저마다 다르잖아요. 그들의 과거와 현재를 읽어가는 기분이 들더라고요.

고스트북스는 대구를 대표하는 서점 중 한 곳이에요. 대구에서 책과 예술 그리고 북토크와 전시 등 다양한 문화 활동을 전개하며 궁극적으로 지향하는 가치가 있다면 무엇일까요?

고스트북스를 오픈하게 된 계기는 '대구에서 무언가를 이뤄보자'는 대단한 결심이 아니었어요. 저희의 터전이 이곳에 있기에 자연스레 시작한 것이죠. 고스트북스를 운영한 지도 어느덧 4년째인데요, 그동안 대구의 문화 흐름을 관망하며 생긴 바람은 '조금 더 다양했으면 좋겠다'는 거예요. 한철 이슈가 되어 타올랐다 시들어버리는 것이 아닌 꾸준히, 그러면서도 신선한 무언가가 천천히 태동할 수 있는 도시의 모습요. 다양성이 존중받고, 그것을 법과 제도 내에서 자유롭게 표현할 수 있으며, 이를 마음놓고 소비할 수 있는 곳이 점점 더 많아지기를 바라요. 나아가 이와 같은 시선으로 고스트북스의 활동을 바라봐주시면 좋겠고요.(웃음)

대구를 방문하는 이들이 반드시 가봐야 할 곳을 한 군데만 꼽는다면? 그리고 그 이유는 무엇일까요?

대구의 장점 중 하나가 근교로 이동할 때 거리가 멀지 않고 교통편이 나쁘지 않다는 거예요. 일정을 하루 정도 넉넉하게 잡는 것이 가능하다면 가창댐을 들러보길 추천해요. 가창댐을 에둘러 지나는 버스 편에 몸을 싣고 복잡한 도심에서 살짝 벗어나 여유롭고 충만한 시간을 보낼 수 있을 거예요. 또 저희가 살고 있는 동네의 '가창누리길'을 걷거나 대구를 둘러싼 '비슬산 둘레길'을 탐방하는 것도 권하고 싶어요. 마치 제주도의 올레길처럼 다양하게 짜여 있는 코스를 걸으며 산으로 둘러싸인 분지 지형의 대구 주변 산들을 느끼는 것도 무척 좋을 것 같네요!

류은지 Ryu Eunji
POPO and Friends

　일러스트레이터이자 책을 만드는 작가 류은지는 몇 년간의 타지 생활을 정리하고 대구로 돌아와 만난 사람들에게서 좋은 영향을 많이 받았다. 대구는 분지인 만큼 나무가 많다. 나무와 새들처럼, 서로의 노랫소리를 놓치지 않고 즐겁고 다정하게 귀 기울이며 함께할 수 있기를 바라는 마음을 그림에 담았다.

goeul

샌드위치페이퍼 Sandwichpaper
다정한 순간들

일상에 생기를 주는 식생활에서 영감을 받아 그림을 그리고 실크스크린을 활용해 프린트 굿즈를 만드는 샌드위치페이퍼(김민지). 저마다 자기만의 색채를 지켜나가는 대구의 친구들이 늘 좋은 영감이 되어준다. 친구들과 함께하던 생기롭고 다정한 순간을 그림에 담았다.

타바코북스 tabaco books

hometown

일러스트레이터이자 타바코북스를 운영하는 작가인 기탁은 대구에서의 삶을 트랙과 달리기에 비유한다. 그러다 새로운 일을 시작하면서 오랜만에 설렘을 느꼈고, 그러한 감정을 고스란히 그림에 담았다.

Ghost who came back to hometown.

미늉킴 Minjung Kim

Ghost who came back to hometown

일러스트레이터이자 만화가인 미늉킴(김민정)은 직장과 공부를 위해 서울과 독일로 10년간 대구를 떠났다가 최근 고향으로 돌아왔다. 익숙하지만 낯선 대구라는 도시에서 주변과 섞이지 못하고 맴도는 유령 같은 자신을 그림에 담았다.

goeul

REPORT

FROM THE GROUND OF DAEGU

우리 나라의 대표적 분지로 알려진 대구.
비옥한 토지와 사방을 둘러싼 높은 산에서 탄생한
맛 좋은 식자재를 살펴본다.

흙에서 캔 진주

김동준 연근 농부

Editor *Bae Danbee* **Photographer** *Jun Yeseul*

불교에서는 연꽃을 '군자의 꽃'이라 부른다. 진흙 속에서 단아하고 고귀하게 피어나는 연꽃을 속세에 물들지 않는 군자에 비유한 말이다. 아름다운 연꽃의 줄기를 따라 내려가면 흙 속에서 성실히 자생해가는 연 뿌리가 있다. 대구시 달성군 봉촌리에서 약 4,000평의 연밭을 가꾸는 김동준 농부는 그 땅을 관할하는 사람이지만 제초제나 화학비료를 일절 사용하지 않고 그저 땅의 섭리대로, 연근과 연꽃이 자라나는 대로 이들의 이야기에 귀 기울일 뿐이다. 김동준 농부는 여름 한철에는 그가 정성으로 가꾸는 새하얀 연꽃을 바라보는 일에서, 가을부터 이듬해 봄까지는 영양가 많은 식자재인 연근을 수확하는 일에서 깊고 큰 즐거움을 느낀다.

김동준 농부께서는 대구에서 연꽃농장을 운영하며 친환경 연근을 재배하고 계시죠. 연근 농사를 시작하게 된 배경에 대해 들려주세요.

젊은 시절부터 여러 작물을 조금씩 기르며 전업으로 누에 농사를 지었어요. 그러다가 30년 전인 서른네 살에 처음 연근 농사를 시작했지요. 농사꾼으로 산 세월만 50년이네요. 어릴 적 집에서 잠업을 한 경험이 있어서 누에 농사를 짓다가 자연스럽게 친환경 연근 재배를 시작할 수 있었다고 봐요. 누에는 예민해서 농약은 말할 것도 없이 화학적인 건 뭐든 자제해야 해요. 이런 농사 방법이 몸에 배기도 했고, 땅, 풀과 더불어 살고 싶은 마음에 수고스러워도 친환경 재배를 하고 있어요. 예부터 연꽃 단지로 알려진 대구 반야월에서 가져온 연근씨로 여기 달성군 봉촌리에 연근 씨를 뿌려 농사를 시작했는데, 그게 봉촌리 연근 마을의 시작이었어요. 연근 농사를 막 시작했을 때는 운송이나 유통 활로가 없어서 열심히 수확해도 팔 수가 없는 거예요. 당시 직접 캔 연을 차 한 대에 싣고 대전부터 수원, 안양, 인천까지 다 녔어요. 대구에 돌아와서 사흘 내내 연을 수확하고 포장 작업하면 4일째에 직접 공판장에 가지고 나가 경매를 하거나 다시 팔러 다녔지요. 당시 공판장에 처음 연을 경매 작물로 내놓은 사람이 나였어요.

연꽃농장은 2001년 우리나라 최초로 연근 무농약 인증을 받았어요. 연근뿐만 아니라 그동안 저농약 작물로 분류하던 우엉, 마의 무농약 생산 재배의 시발점이 된 곳이라고요. 연꽃농장에 대해 소개 부탁드립니다.

처음 봉촌리 마을에서 연근 농사를 지을 땐 17가구 정도가 했는데, 지금은 30가구가 넘어요. 수익성이 괜찮으니까 젊은 사람들이 귀농해 부모님이 하던 연꽃 농사를 이어받기도 하죠. 그중 연꽃농장은 전국 몇 개 지역에 흩어져 있고, 대구에는 나를 포함해 다섯 가구가 힘을 합쳐 친환경 연근을 재배하는 공동체예요. 여주 이천에 연꽃마을 본사가 있어요. 거기에 수확한 연근을 보내주면 가공 단계를 거쳐 한살림, 아이쿱 등 생협에 납품합니다. 처음에는 약 10년 동안 무농약 재배를 했어요. 연꽃마을 본사에서 이제는 무농약 재배만으로는 안 되겠다고 해서 유기농으로 전환했지요. 유기농 재배한 지는 4~5년 됐어요. 유기농은 화학비료를 쓰지 않는 것은 물론, 유기 인증제 받은 것 외에는 절대로 사용하지 않아요. 제초제도 아예 쓰지 않죠. 전부 옛날 방식 그대로 한다고 보면 돼요. 그래도 요새는 기술이 좋아져서 유기 자재가 다양해요. 실제 제가 가꾸는 4,000평의 땅에서 나는 연근 1년 평균 수확량은 평균 150~200평당 3톤으로 대략 80톤 정도 돼요. 예전에는 1만8,000평까지 농사를 짓기도 했는데, 지금은 나이도 많이 들고 힘들어서 그렇게까지 못 하죠. 자랑은 아니지만, 연근이나 연근 농사에 관한 책이 딱히 없으니 기술센터나 영농지원센터에서 줄곧 연락이 와요. 유기농 연근을 재배하는 사람이 대구에서 단 다섯 농가뿐이니 우리한테 조언을 구하는 거예요.

대구는 전국 연근 생산량 중 40%를 차지하며 연근 재배 면적은 175.28만㎡로 전국 1위예요. 특히 대구 동구 반야월 연꽃단지는 전국 최대 생산지로 명성이 자자했어요. 대구가 연근 생산지로 자리 잡은 것은 언제부터인가요? 더불어 반야월과 봉촌리에서 나는 연근이 어떻게 다른지도 궁금합니다.

나 역시 연근 농사를 처음 시작하며 반야월에서 씨를 받아 왔으니 반야월이 큰집인 격이죠. 일제강점기에 일본인들이 반야월에서 연근을 재배하면서 알려지기 시작했어요. 지금 연근 재배 면적은 반야월보다 봉촌리가 더 크고요. 봉촌리의 연근 재배 면적이 30만 평 정도 되거든요. 청도와 경산의 경계 부근인 반야월은 저지대인 데다 무거운 찰땅이라 연근이 눌러서 삼각형 모양으로 자라나요. 또 연근을 캐서 그늘에 두면 열흘은 싱싱한 상태를 유지해요. 마를 땐 물을 뿌려주면 다시 살아나고요. 뻘 냄새가 나서 생으로 먹기에는 거북해도 저장성은 뛰어나죠. 봉촌리는 모래가 섞인 사질토라 연근 표면이 깨끗하면서 맨질맨질하고, 모양은 길쭉한 타원형이지요. 생으로 먹어도 맛있어요. 보기에는 참 좋은데 수확해서 이틀만 지나면 멍이 든 것처럼 거뭇하게 변해 저장성은 조금 떨어지는 편이에요.

연근이 잘 자라는 토양과 기후가 있나요?

원래 연근의 원산지가 인도, 오스트레일리아 북부 등 아열대 지역이에요. 수생의 여러해살이 초본식물로 연중 18°C 이상이면 4개월 동안 무난히 자라나요. 수온이 낮거나 수심이 너무 깊은 곳에서는 제대로 자라지 못해요. 토양은 연근의 종류에 따라 다르지만, 대체로 참흙에서 잘 자라요. 참흙은 토심이 깊고 유기질이 풍부한 부드러운 토양이에요.

연근은 봄에 파종해 가을부터 이듬해 봄까지 수확한다고요.

4월에 파종해 가을부터 이듬해 4월까지 매일 수확해요. 하지만 저는 나이가 있다 보니 너무 무리해서 매일같이 수확하지는 않아요. 4월 초순경에 20~25cm 깊이로 밭을 갈고 정식 2주 전에 밑거름 펴고 흙을 고르고 물을 대지요. 연은 씨와 씨연뿌리로 번식하는데, 연근씨는 단단한 경실 종자로 심는 양은 작형이나 씨연뿌리 크기에 따라 다르지만 3.3㎡에 1~2포기씩 자라도록 심어요. 심는 방법은 지면에서 12~15cm 아래에 약 15도 경사로 비스듬히 심으며 씨연뿌리의 꼬리 부분이 약간 지면 위로 나오게 해요. 이후 거름을 치고 유기 자재도 뿌려가며 풀도 뽑아주고 관리해나가면서 가을부터 수확을 시작해요. 씨를 뿌리면 앞연에 마디마디 촉이 지속적으로 옆으로 뻗어나가서 연을 계속 만들어내는데, 그 연 자체를 다 캐면 밭을 갈아엎고 새로 씨를 심지요. 씨는 1m 50cm 간격으로 주욱 심습니다.

연근을 말할 때 소위 '진흙 속에서 발견한 진주'라고 표현하곤 합니다. 연의 뿌리 줄기 연근을 식용할 수 있는 품종은 크게 2종이라고요. 관상용 연꽃과 어떻게 다른가요?

연못이나 저수지 같은 탁하고 더러운 환경에서도 꽃이 아주 고귀하게 피어나요. 주변 환경이 좋지 않아도 고귀하게 꽃을 피우기 때문에 불교에서도 연꽃을 속세에 물들지 않는 '군자의 꽃'이라 칭하잖아요. 수라상에 연근 요리가 올라가기도 했고요. 연의 품종이 100여 가지예요. 그중 식용은 3~4가지인데, 우리나라에서는 홍련과 백련으로 나뉘어 재배하고 있어요. 홍련은 지나종이라고 부르고 백련은 골드화이트종이라고 불러요. 그 외에는 모두 관상용 연꽃이죠. 경주나 서울의 연꽃 단지에서 흔히 볼 수 있는 빨갛게 핀 연꽃은 거의 조선연이에요. 생명력이 엄청 강해 쉽게 죽지 않죠. 뿌리가 거의 없고 꽃과 잎사귀만 흐드러지게 피는 관상수라고 보면 됩니다.

과거에 시중에 나와 있는 식용연은 대부분 홍련이었어요. 백련의 토착화에 실패했기 때문인데요, 농부께서는 3년의 시행착오 끝에 백련의 토착화에 성공했고 2011년부터 본격적으로 수확을 시작하셨다고요. 백련을 재배하게 된 계기는 무엇인가요?

홍련은 연의 마디가 길다면, 백련은 마디가 짤막짤막하고 꽃도 많이 펴요. 연근에 간까지 배어 있어서 짭조름하지요. 식감도 참 쫀득쫀득합니다. 쉽게 말해 홍련의 연근을 맵쌀이라고 하면 백련의 연근은 찹쌀이라고 할 수 있어요. 백련은 마디의 길이가 짧다 보니 소비자들이 원하는 양에 맞춰 살 수 있어서 합리적이에요. 그러니 백련을 심어야겠다 싶은 생각을 한 거지요. 처음에 백련씨를 전라도에 가서 홍련과 맞바꿔 구해 왔어요. 일본인들이 과거에 개량한 품종인 백련도 처음에 뿌리가 자라며 올라올 때 홍련과 마찬가지로 붉은빛을 비쳐요. 그러다 다 자라면 골드화이트 색을 띠죠. 홍련은 마디가 2cm 정도 된다면 백련은 1cm 정도밖에 안 돼요. 그러니 칼로 마디마디 자를 때에도 조심스럽게 다뤄야 해요. 단면의 구멍이 총 10개인데, 이 구멍이 뿌리부터 꽃 줄기 끝까지 이어져 있어요. 연꽃의 숨구멍이라고 보면 돼요. 백련은 5월에 심어서 90일이 지나면 수확해요. 거름도 적게 들고, 빨리 자라죠. 1m 정도 자라는데, 곁가지까지 다 상품성이 있어요.

기후변화의 영향으로 지난 45년간 경북의 평균 기온이 0.63℃ 올랐다고 해요. 농작물 생산성에도 큰 영향을 미쳐 농업에도 변화가 일어나 있다는 뉴스를 접해서 저 역시 걱정스러운 마음이 앞섭니다. 직접 체감하는 것이 있는지 궁금하네요.

연은 기후가 따뜻할수록 잘 자라서 큰 영향은 없어요. 지난해 54일 동안 이어진 장마의 영향으로 일조량이 부족해 연 수확량이 30% 정도 감소했다고 해요. 그 바람에 가격이 뛰었어요. 게다가 코로나19로 인해 수입 연이 국내에 들어오지를 않았어요. 수입이 안 되니까 국내 연 가격이 올랐는데, 개인적으로 어느 농작물이든 가격이 오르는 일을 경계해야 한다고 생각해요. 적정선을 지켜야죠. 그래야 소비자들이 부담 없이 구입해 먹고, 소비가 원활해야 농부들도 즐겁게 농사지을 수 있지요.

goeul

연근으로 활용할 수 있는 요리나 반찬이 다양하다고 알고 있어요. 연근을 활용한 요리에는 어떤 것들이 있나요?

비 올 때 연잎에 떨어진 빗방울이 흡수되지 않고 튕겨 나가는 것을 본 적 있지요? 코팅이 되어 있어서 물을 흡수하지 않는데, 연잎에 감당할 수 있는 양 이상의 물이 고이면 스스로 쏟아내버려요. 저녁에 비 올 때 가만히 들어보면 좌악 좌악 한 번 씩 물 뱉어내는 소리가 들려요. 아까 이야기했듯, 연은 뿌리부터 숨구멍이 열 개가 이어져 있어요. 물을 많이 먹어 구멍이 막히면 숨을 쉬지 못하니까 스스로 뱉어내버리는 거예요. 이런 연근은 지방질을 싹 끌고 내려가 버리는 성질이 있어서 돼지고기와 같이 구워 먹는 게 최고죠. 또 버섯보다 열이 더 발생해서 같이 구워 먹으면 체내에 지방이 덜 쌓여요.

농부님께서 가장 좋아하거나 즐겨 먹는 연근 요리는 무엇인가요?

아내에게 늘 해달라는 요리가 연근 샐러드예요. 양배추, 땅콩 등 기본적으로 샐러드에 들어가는 식자재에 연근을 추가로 넣고 마요네즈에 버무려 먹으면 그렇게 맛있어요. 그다음에는 연근 즉석 튀김인데, 예전에 매일 아이들에게 튀겨줬어요. 옥수수기름, 콩기름 반반 섞은 기름으로 연근을 튀겨내면 겉껍질에만 기름이 배서 고소하고 맛있으면서도 건강한 간식이 만들어지죠. 너댓 개만 케첩에 찍어 먹으면 밥 안 먹어도 배불러요. 연근을 생으로 먹는 것도 참 좋아해요. 썰어서 된장을 찍어 수시로 먹기도 하고, 밥반찬으로 먹기도 하고요. 연근이 사과보다 비타민C가 10배가 많대요. 그래서인지 우리 가족은 감기도, 코피도 모르고 살았어요.

Daegu

품질 좋고 맛있는 연근을 고르는 방법이 있나요?

요리에 따라 다른데, 조림은 연근의 뒤채를 고르면 되고, 튀김이나 즙 또는 생으로 먹을 때에는 앞채가 좋아요. 쉽게 말해 뒤채는 수연근이라 하고 앞채는 암연근이라고 해요. 뒤채는 가볍고 싸지만 식감이 쫀득쫀득해요. 반면 앞채는 세 토막에 1kg 정도 나갈 만큼 무겁고 식감이 딱딱한 편이지요.

마지막으로, 친환경 재배를 고수하는 연근 농부로서 어떤 때 가장 보람을 느끼나요?

보람보다는 키우는 재미로 살아요. 연근이 크는 모습을 보고 가꾸는 재미로요. 잘 가꾸면 참 예쁘게 자라지요. 풀을 뽑고 나서 돌아보면 마음까지 깨끗해지는 기분이 들고, 여름 한철에는 새하얀 백련이 펴서 눈이 즐겁고요. 게다가 꽃향기도 이파리 향도 참 좋지요. 바람이 불면 흔들흔들 인사해주는 것 같아요.(웃음) 제초제를 뿌리면야 수월하게 일하겠지요. 그런데 나는 풀이 노랗게 타서 죽는 모습이 싫어요. 토양도 풀도 살아야 하지 않겠어요? 인체에 해롭기도 하고요. 더불어 살아야지요. 내 바람은 죽을 때까지 연근 농사 짓는 거. 그게 언제가 될지는 몰라도 딴 거 뭐 있겠어요, 농사꾼이.

SEASONAL BEAUTY IN DAEGU

Editor *Bae Danbee* **Illustrator** *Sandwhichpaper(Kim Minji)*

사과 8-11월

대구를 대표하는 작물 중 하나로, 관광 농업권인 대구의 동구·수성구·달성군에서 주로 재배한다. 최근 기후변화로 인해 재배 면적은 줄었으나, 팔공산 인근으로 토양이 비옥하고 일교차가 커 고품질 사과를 생산하며 대구 사과의 명맥을 이어나가고 있다. 후지, 홍로, 쓰가루 등의 품종을 재배한다.

참외 6-8월

성주 지역의 대표 작물로 알려진 참외는 대구의 낙동강 인접권인 달성군 부근에서도 재배하고 있다. 대구의 특작물 과채류 중 토마토, 수박 다음으로 생산량이 많다. 특히 달성군 신당리와 교항리는 비옥한 사질토로 낙동강 제방이 만들어지면서 많은 주민이 참외 재배를 시작했으며, 아삭하고 달콤한 참외 맛이 널리 알려져 인기를 얻고 있다.

수박 7-8월

대구에서는 평균기온이 오르면서 참외와 함께 수박 재배 및 소비가 늘어나고 있다. 대구의 특작물 과채류 중 가장 많은 재배 면적을 차지하며, 대체로 낙동강 인접권인 달성군에서 재배한다. 최근에는 작은 풍선 모양으로 허공에 매달려 키우는 애플수박 재배 농가도 느는 추세다. 일반 수박의 4분의 1 정도 크기로, 1인 가구를 겨냥한 신개념 수박이다.

한반도의 동남 지역인 영남 지방의 내륙 중앙에 위치한 대구. 낙동강이 흐르고 팔공산과 비슬산에 둘러싸인 이 땅은 온화한 기후와 비옥한 농토를 자랑한다. 최상의 농산물이 자라는 대구의 사계절 아름다움을 살펴보자.

체리 5-6월

우리나라 체리의 2대 산지로, 배수와 통기성이 좋은 경사지에서 재배한다. 봄에서 여름 사이에 수확해 전국 각지로 출하한다. 팔공산 주변인 동구와 수성구 그리고 달성군 중 가창면을 중심으로 총 88개 농가가 체리 농사를 짓는다(2021년 9월 기준). 특히 대구의 높은 평균기온과 함께 배수가 잘되는 동구의 둔동은 체리 재배의 최적지로 나폴레옹, 좌등금 등의 품종을 재배한다.

블루베리 6-7월

동구 평광동과 내동, 미곡동과 더불어 북구의 팔달동과 검단동 일대에서 많이 재배한다. 최근 블루베리의 기능성이 부각되면서 전국적으로 수요가 늘고 있다. 듀크·블루크롭 등의 품종이 주를 이루며, 달고 시큼한 맛으로 생과로도 섭취하고, 잼이나 아이스크림, 제과 원료 등으로 이용한다.

포도 8-10월

한여름에서 초가을까지 출하한다. 동구 팔공산 주변, 수성구 성동, 달성군 일대가 주 재배 지역으로 근처에서는 농가에서 직접 생산한 포도를 저렴한 가격에 구입할 수 있도록 직판장을 운영하기도 한다. 품종 또한 다양해 캠벨얼리·거봉·머루포도 등이 있다. 특히 캠벨얼리 품종을 많이 재배하며, 최근에는 샤인머스캣과 같은 신품종이 인기를 끌고 있다.

토마토 6-7월

낙동강과 금호강가의 비옥한 토양에서 재배하는 토마토는 과육이 단단하고 속은 꽉 차 그 맛이 일품이다. 오랜 재배 경험을 바탕으로 친환경 재배는 물론, 우수한 상품을 생산하는 기반이 탄탄하다. 동구, 수성구, 달성군 하빈면과 논공 지역에서 토마토 농사를 짓는다. '슈퍼도태랑'이라 부르는 완숙 토마토를 비롯해 '꼬꼬'라 부르는 방울토마토까지 종류가 다양하다.

마늘 6-7월

'일해백리—$-$$_{日害百利}$의 채소'라 일컫는 마늘은 대구의 남부 평야권 작목 중 하나로, 조미 채소류 중에서도 재배 면적이 많은 편이다. 마늘 파종 적기는 9월 중순부터 10월 중순까지이며, 6월 중·하순에 집중적으로 수확한다.

연근 9-10월

약 223만㎡가 넓은 대지에서 재배해 전국 재배 면적의 약 40% 이상을 차지하는 연근은 전국 연 생산 비율 1위를 자랑한다. 4~5월에 파종해 가을부터 이듬해 봄까지 계속 수확한다. 특히 대구 동구 반여월 일대는 토질이 비옥하고, 부근에 안심 습지가 있어 유기질이 많이 함유된 점토가 널리 분포되어 당도 높은 연근을 수확할 수 있다.

양파 6-8월

대구의 남부평야권에서 마늘과 함께 많이 재배하는 양파는 현풍, 유가, 구지 등이 분포한 달성군에서 주로 농사를 짓는다. 특히 달성군 구지면과 유가읍은 품질 좋은 양파를 다량 수확하는 곳으로 유명하다. 수분을 적절히 유지하면서 배수가 잘되는 밭에서 건강하게 자라는 양파의 재배지로서 최적의 환경을 갖추고 있기 때문이다.

미나리 6-8월

팔공산 하면 미나리를 떠올릴 만큼 팔공산 자락과 달성군 가창면의 상수원 보호구역에 미나리 집단 재배단지가 조성되어 있다. 깨끗한 환경과 맑은 지하수를 이용한 청정 재배가 이루어지고 있다. 혈액의 산성화를 막아주고 열을 내리게 하는 효과가 있는 미나리는 대구의 효시 작물 중 하나다. 삼겹살과 함께 싸 먹는 미나리 삼겹살집이 미나리 재배 지역을 따라 즐비하다.

잎들깨 6-9월

꿀풀과인 잎들깨는 대구를 대표하는 엽채류 중 하나로, 향이 좋아 쌈은 물론 비빔밥에 넣어 먹으면 입맛을 돋운다. 대구 동구와 북구에서 주로 재배하며, 잎들깨 재배 면적이 전국에서 세 번째로 넓다. 비가림 재배와 전조 재배로 연중 생산 체제를 갖추었고, 친환경 인증 농가가 증가하면서 안전하고 신선한 깻잎을 전국에 공급하고 있다. 만추, 남천 두 가지 품종이 대표적이다.

TRADITIONAL FOOD THAT ORIGINATED IN DAEGU

Editor *Cho Jihyun*

Graphic Designer *Jung Kihun*

개고기의 대체 음식으로 등장한 육개장은 대구탕반에서 유래했으며, 하향주는 대구 달성군 유가면 밀양 박씨 종가에서 전승해온 대구의 민속주다. 대구를 대표하는 탕과 술 이야기.

goeul

육개장

연경 사람들은 개고기를 먹지 않을 뿐 아니라 개가 죽으면 땅에 묻어준다. 두실 심상규가 연경에 갔을 때 경일庚日이 되자 개고기를 삶아 올리도록 하였는데, 연경 사람들이 크게 놀라면서 이상히 여기고는 팔지 않았다. 이에 그릇을 빌려다가 삶았는데 연경 사람들은 그 그릇도 모조리 내다 버렸다. 내가 북쪽에 갔을 때에 들으니, 예전에 장단 상공 이종성은 남의 집 잔치에 참석했다가 개장을 보고서 먹지 않고 돌아와 말하기를 "손님에게 대접하는 음식이 아니다"라고 하였다. 두 공의 규모가 각기 달랐다 하겠다.

<임하필기林下筆記>(1871)

개고기가 식성에 맞지 않는 자는 쇠고기로 대신하고 이를
육개장이라 하여 시식을 빠뜨리지 않는다.

<조선상식문답朝鮮常識問答>(1948)

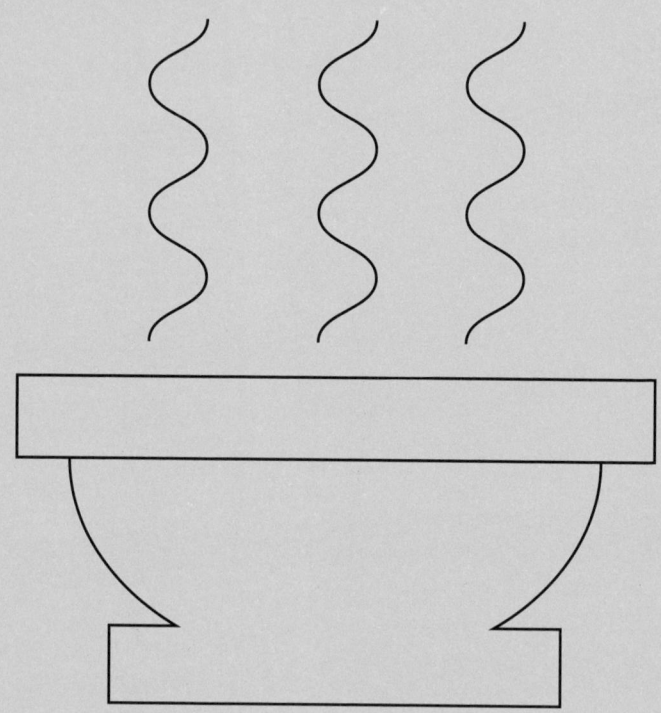

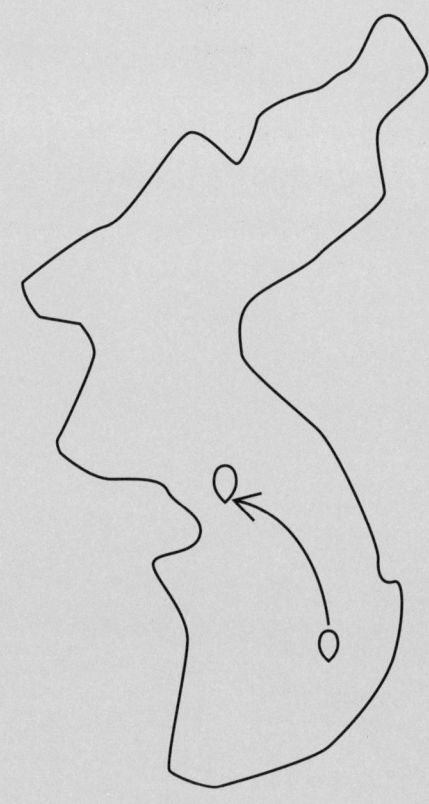

대구탕반은 본명이 육개장이다. 대체로 개고기를 한 별미로
보신지재補身之材로 좋아하는 것이 일부 조선 사람들의 통성이지만,
특히 남도 지방 시골에서는 "사돈 양반이 오시면 개를 잡는다"고
개장이 여간 큰 대접이 아니다. 이 개장은 기호성과 개고기를 먹지
못하는 사람들의 사정까지 살피고 또는 요사이 점점 개가 귀해지는
기미를 엿보아서 생겨난 것이 곧 육개장이니, 간단하게 말하자면
쇠고기로 개장처럼 만든 것인데 시방은 큰 발전을 하여 본토인
대구에서 서울까지 진출을 하였다.

잡지 <별건곤別乾坤>(1929)

❷
하향주

맛이 달고 독이 없으며 열과 풍을 제거하고 두통을 치료한다. 눈에 핏줄을 없애고 눈물 나는 것을 멈추게 한다. 몸이 허한 사람은 보하고 피로와 갈증, 이질, 황달, 폐를 치유하고 토하는 것을 방지한다.

<동의보감>(1884)

백미 한 되를 깨끗이 씻어 가루 내어 구멍떡을 빚어 삶는다. 물에서 건지지 말고 모두 퍼 식으면 가장 볕에 잘 말린 누룩을 지극히 보드랍게 하여 아홉 홉만 한데 쳐서 넣는다. 익어서 맛이 달게 되면 사흘 만에 찹쌀 한 말을 깨끗이 씻어 하룻밤 재워 거치를 씻어 익게 쪄 식기를 기다린다. 술밑을 모시 베에 밭아 날물기가 일절 들지 않게 하여 밥을 버무리되 아니 묻은 낱알이 없도록 풀어가며 묻힌다. 너무 달여도 속의 밥이 뜨나니 알맞추 넣어 빚되 그릇이 못 차면 위의 □□ 거□□ 날이 극히 더우면 빚은 이튿날이라도 □□ 그릇을 씻되 삶은 물을 잠깐 쳐서 씻고 날물기가 일절 들지 않도록 하라.

<주방문·정일당잡지 주해>(2013)

INDEX

고미텐	@gomi_ten
고스트북스	@ghost__books
고인돌	@sook.a
김동준	
김지희	
닷 라이브러리	@dot.library
대도양조장	@daedo_brewing
더댄스2017	@the.dance.2017
더커먼	@common.for.green
동아식당	@dongah__
로맨스빠빠	@romancepapa_
로즐린 가든	@Roslyn_gdns
룰리커피	@rullycoffee
미가식당	
미도다방	
미성당	
백초당	
버닝레스토랑	@buning_restaurant
버드랜드	@birdland1230
버들식당	
벙글벙글식당	
베지로운	@vegeloun_bakery
복주소막창	
봉산찜갈비	
사야까	@sayaka2002
산정논메기매운탕	
삼덕모가	@moga_and_karin
삼송빵집	@samsong_bakery
상주식당	
서스카페	@suss_cafe
서영홍합밥	
엄태조	
에덴김밥	
영래칼국수	@yeongrae1970
오가닉모가	@organicmoga
오동나무	
오이쏘이식당	@oisoi_kitchen_
오일리버거	@oilyburger
오퐁드부아티하우스	@cafe_aufonddubois
왕거미식당	
유창반점	
윤옥연할매떡볶이	@yoonokyeon_tteokbokki
이에커피,공간	@moga_will
인더매스	@inthemass_
잔잔바리	@zanzanbali
전원돈까스	
조조칼국수	@jojofood__
중화반점	
평화떡공방카페	@ph_flowercake
푸른회식당	
풍국면	@poong_kuk
프롬오지	@cafe_from.aussie
피키차일드다이닝	@picky_child_dining
하이마트 음악감상실	
하향주	@gkgidwn
해금강	

goeul

goeul
2021

PUBLISHER
RAWPRESS

EDITOR IN CHIEF
Shin Umi

SENIOR EDITOR
Bae Danbee

EDITOR
Ha Jiyoung
Cho Jihyun

DESIGNER
Jung Kihun

PHOTOGRAPHER
Jun Yeseul
Jung Kihun
Shin Umi

TEXT CORRECTION
Shin Sunkyoung
Lee Yeonhee

PRODUCTION

RAWPRESS
2F, 34, Nonhyeon-ro 7-gil, Seocho-gu, Seoul, Korea
Tel +82 70 4154 6893
Instagram @goeulbook
Official Site www.boouk.co.kr

REGISTRATION NUMBER
서초 사00066
All inquiries boouk mag@gmail.com
goeul is published biannually by Rawpress in Seoul.
All right reserved. Reproduction in whole or part without written permission is strictly prohibited.
Distributed by RAWPRESS.
이 책의 글과 그림, 사진 등의 모든 콘텐츠는 로우프레스의 소유이며 동의 없이 사용할 수 없습니다.
Since November 2019
ⓒ2021 goeul by RAWPRESS

goeul